잠수타고 싶은
어느 날

잠수타고 싶은
어느 날

1판 1쇄 인쇄 2013년 8월 31일
1판 3쇄 발행 2013년 12월 9일

지은이 조옥희
펴낸이 김영곤 **펴낸곳** (주)북이십일 21세기북스
출판등록 2000년 5월 6일 제10-1965호
부사장 임병주
팀장 탁수진
책임개발 이장건
포토디렉터 조옥희(스튜디오다홍)
포토그래퍼 정완호 이슬 한세영
윤문 이승은
표지·내지디자인 김서형 손성희
영업·마케팅 본부장 이희영
영업 장명우 유선화
마케팅 김현섭 최혜령 강서영
주소 (우 413-756) 경기도 파주시 회동길 201(문발동)
전화 031-955-2733(마케팅), 031-955-2157(기획편집)
팩스 031-955-2177
홈페이지 www.book21.com
21세기북스 트위터 @21cbook **페이스북** 21cbooks

ⓒ조옥희, 2013

ISBN 978-89-509-5107-8 13800
값 15,000원

이 책 내용의 일부 또는 전부를 재사용하려면 반드시 (주)북이십일의 동의를 얻어야 합니다.
잘못 만들어진 책은 구입하신 서점에서 교환해 드립니다.

잠수타고 싶은 어느 날

 아무도 찾지 못하는 나만의 여행을 떠나고 싶었다

21세기북스

● 들어가는 말

자유와 위로와 사색의 여행을 위하여

이십대에 떠났던 2박3일의 여름휴가를 기억하고 있다.
사무실 동료들의 부러움과 응원을 받으며 떠난 혼자만의 여행.
처음이었다. 설렘과 떨림, 두려움과 막막함으로 가득했던 혼자만의 첫 여행.
그러나 가장 강렬하고 짜릿한 여행의 추억으로 기억으로 간직되었다.
그때 찾은 곳은 감포 앞바다. 감은사 터에 우뚝한 두 기의 3층석탑 사이에서
뫼비우스의 띠를 그리며 돌았다. 강고하고 기품 있는 성품을 지닌 이의 어깨에
기댄 듯한 느낌이었다.
위로와 용기가 필요했던 청춘 시절이었다. 내가 사랑하는 사람들의 이름을
하나하나 떠올리며 서성거리다 보니 외롭지 않았다. 그러자 자리를 털고
씩씩하게 대릉원을 향해 떠날 수 있었다.
그때 그 여행은 작은 승리였다. 누군가의 뒤를 따르는 것이 아닌,
오로지 나 혼자서 찾고 선택하고 느끼는 여행이 어떤 기분인지 처음 알았다.
그 여행의 기억이 오늘을 이끈 것인지도 모른다.

서른 넘어, 삶의 진로를 바꾸는 대공사가 있었다. 그 결과 어깨에 카메라를
걸고 다니는 신세가 되었다. 이제까지 살면서 시도했던 도전 중에서 가장 큰,
그러나 가장 잘한 일이었다.
생활 패턴은 완전히 달라졌다. 사무실 책상에 앉아 종이와 씨름하던 일상에서
밖으로 싸돌아다니는 일상으로. 사물에 깃든 온갖 이야기를 탐색하느라
날 저무는 줄 몰랐다. 하늘, 나무, 돌, 풀, 꽃들 속에 숨은 온기와 냄새에
집중하고 탐닉하느라 홀로 있어도 외롭지 않았다.
아날로그 카메라의 묵직한 셔터 소리를 사랑했다.

그 숱한 여정에는 많은 여행자들의 땀과 정성으로 완성된 책들이 있었다.
그들의 안내와 지침 덕분에 좋은 사진도 얻고 맛난 음식도 먹고,
혼자만의 특별한 여행을 즐길 수 있었다.
여행의 시간이 차곡차곡 쌓였고, 그 시간을 기록한 사진도 높게 쌓였다.
홀로 떠나고픈 수많은 누군가에게 이 여행의 기록을 나눠주고 싶어졌다.
특별히, 젊은 여성들의 안락한 잠수타기를 돕고 싶었다.
사회생활에 지친 그녀들이 훌쩍 잠수를 탔다가 개운하게 현실로 복귀할 수
있는 '그곳'을 알려주고 싶었다. 출판사의 제안을 덥석 받은 데에는
이러한 연유가 있었다.
사진들을 한참 동안 들여다보면서 그 1/60초 또는 1/250초의 찰나에 담긴
생각들을 뒤졌다. 기억은 반짝 떠오르다가 가라앉고 뜨거워졌다가 금세
식었다. 수없이 그 시간으로 돌아갔다. 바람 한 점까지도 선명하게 기억하고
있는 이미지 속에서 희미해지는 기억과 감정을 소환하느라 애를 먹었다.

이야기는 풍경을 따라 자유자재로 옮겨다닌다. 유년의 기억, 여행지에서
만난 사람들, 공간에 담긴 오랜 기억, 예술하는 자연…….
그 여행자의 시간을 한 권의 책으로 모으기까지는 숨은 조력자들이 많았다.
그들의 도움과 마음이 없었던들 이 사진과 글들은 추억의 파편으로만 남았을
것이다. 디자인과 글을 도와준 박진희 씨와 이승은 씨, 북21 개발팀 이장건 씨
에게 고맙다는 말을 전한다.

2013. 9
조옥희

차례

앞선말 자유와 위로와 사색의 여행을 위하여 ··· 004

자유, 여행이 가리키는 하나의 방향!

달랑 빈손으로 떠나는 일탈의 맛!_제주(동남쪽) ··· 010

바람처럼 떠나다 | 자유, 일탈여행의 맛 | 바람에게 따귀 맞은 자의 반성_ 김녕해수욕장 | 모든 사람이 예술가가 되는 바닷가_ 월정리 해변 | 영등할망, 바람을 부탁해_ 행원리 풍력발전소 | 되돌아갈 수 없는 길_ 김녕미로공원 | 조개껍질로부터의 편지_ 하도리 철새 도래지

자유를 깨닫는 여행자의 시간_고창 ··· 036

삶은 다른 곳에도! | 까마득한 시대의 죽음에 관한 명상_고인돌공원 | 후손들은 이곳을 기억할지어다_고창읍성 | 참 좋은 공원, 읍성_고창읍성 | 잠수함을 버린 토끼_미당시문학관 | 따뜻한 집_안현 돋음별 마을 | 조개눈이 어두운 여자_만돌 갯벌체험 학습장 | 계절이 거꾸로 흐르는 보리밭_학원농장 | 사람은 자연의 하부구조다_학원농장

● 눈 내린 산골의 품은 따뜻하다_정선 ··· 063

눈이 푹푹 나리는 밤, 시베리아행 대륙열차에 오르다_구절리역 기차펜션 | 구절리에는 기차가 없다_풍경열차 | 관광 기념사진을 얻다_아우라지역으로 향하는 레일바이크 | 사랑, 강을 건너야만 하는 가장 큰 이유_아우라지 강 | 쌍화차를 곁들인 나전역 스타일 브런치_나전역 | 그곳에 가면 얼굴이 달덩이처럼 환해진다_정선5일장 | 하늘을 걷는 길, 스카이워크_병방치 전망대

● 현실과 환상의 경계를 거닐다_가평 ··· 088

도심에서 숲으로 텔레포트하다 | 내 안의 또 다른 나에 도전하기_하늘길 짚와이어 | 대한민국 안에 숨은 작은 섬나라를 아시나요?_남이나라 공화국 | 사랑에 빠진 모든 사람은 드라마의 주인공이다_메타세쿼이아 길 | 침대가 있는 갤러리_정관루 | 잃어버린 낙원을 찾아서_아침고요수목원 | 어떤 여행은 현실과 환상의 경계에 있다_쁘띠프랑스

위로,
바람과 파도와 꽃과 노을 안에서

● 성찰 없이는 통과할 수 없는 남쪽 바닷길_남해 ··· 114

어느 것 한 가진들 실어 안 오리 | 죽방렴에서 김홍도를 만나다_창선도 지족해변 | 그리움으로 지은 집_물건리 독일마을 | 이상한 나라의 숲속_물건리 방조어부림 | 내게 바다 같은 평화!_다랭이 마을 | 성찰 없이는 통과할 수 없는 길이 있다_다랭이지겟길 | 어쩌면 나는 행복해질지도 모른다_금산 보리암

● 청춘의 추억이 깃든 그 바다에서 커피를 마시다_강릉 ··· 142

그곳에 가면 젊은날의 나를 만날 수 있을까_정동진 바다 | 혼자 시장에 가면 안 되는 이유_강릉 중앙시장 | '진짜 소리'를 발견하다_참소리박물관 | 다섯 개의 달_경포대 | 내 안의 진또배기, 영접하다_강문교 | 강릉의 커피에는 추억 한 스푼이 녹아 있다_강릉항 카페해변

● 꽃의 노예가 되어 떠나는 탐미적 여행 _광양/구례 … 166

늦게 피는 꽃 | 꽃과 향기를 좇는 탐미적 노예가 되어_광양 매화마을 | 대숲에서 후회하다_전망대 | 보리피리 부는 언덕 | 아무것도 손대지 말 것_편사리 공원 | 네 어깨에 내리는 꽃비, 세례_19번국도, 십리벚꽃길 | 마을의 주인은 누구인가_구례 산수유마을, 현천마을 | 불전에 올린 붉은 마음_화엄사

● 동해의 외딴 해변을 떠돌다 _고성 … 192

오른쪽만 보고 달릴 거야 | 항구의 불빛, 그 따뜻한 쉼표_남애항 | 그녀의 눈시울을 닮은 바다_하조대 | 존재를 확인하는 시간_하조대 해수욕장 | 풍경을 감상하기 위한 설치물 감상하기_하조대 전망대 | 까칠한 마음 내려놓는 자리_낙산사 홍련암 | 곰치국이 뭐길래_아야진 해변 | 여행자의 특권_아야진 해변 | 일상의 소중함을 깨닫는 시간_가진항, 거진항 | 박제된 생명을 봐야 하는 고통_송지호 | 기다림은 명상이다_대진등대, 마차진 해변, 초도해변

사색,
내 안의 또 다른 나를 만나는 시간

● 용암의 뜨거운 기억 속으로 _제주(남서쪽) … 224

어느 용암 덩어리에 관한 상상적 고찰_산방산 | 시간에 대한 명상_사계리 해변 | 미술관 옆 오두막집이라도 좋아라_저지리 제주현대미술관, 유리의 성 | 아픔은 어떻게 기억되어야 하는가_알뜨르 비행장 | 자연이라는 작품을 담은 그릇_비오토피아 미술관 | 속내를 다 드러내볼까?_수월봉 엉앙길

● 그리움이 정박 중인 항구에서 _목포 … 252

눈을 씻으러 떠나는 길 | 그리운 따순 동네를 가다_온금동 다순금 마을 | '가치'의 다른 이름은 새로움이다_조선내화 공장, 이훈동 정원 | 구보씨, 목포를 거닐다_일본영사관, 근대역사관 건물 | 목포는 살아 있다_목포항 | 목포는 항구다!_목포연안여객선터미널 | 안좌도에서는 바람도 어둠도 예술이다_안좌도 | 나만의 바닷가를 가지다_팔금도 해변 | 깨어 있는 사람들_암태도, 추포도 | 물고기를 잡으려면 기다려야 한다_자은도

● 노을 물든 갈대숲에 숨어들다_순천 ···284

무진기행을 떠나다_순천만 자연생태공원 | 안개 없는 안개나루에서 본 빛의 조화_순천만 자연생태공원 갈대숲 | 뱃길 끝에서 만난 노을_ 용산전망대와 대포구 | 해우소에 쭈그려앉아 울어볼까_선암사 승선교, 삼인당 | 선암매 옹께서는 아무 말씀 없으시고_선암사 자산홍 | 산은 산이요 물은 물이로다_선암사 대웅전 마당

● 초록빛에 관한 한 탐구_담양 ···306

자연스럽거나 촌스럽거나, 녹색 | 깊은 소는 신비한 물빛을 품고_가마골 용소, 출렁다리 | 호수, 다리 그리고 산책_담양호 목교산책로 | 대숲, 아름다운 동거_죽녹원 대숲 | 녹색의 왕국에서 누리는 행복_채상장 전수 전시관 | 어떤 무식에 관한 고백_소쇄원 | 빛나는 바람과 맑은 달을 보다_제월당, 광풍각 | 선비는 무엇으로 사는가_식영정 | 배롱나무 꽃그늘을 기다리며_명옥헌 | 달팽이 마을에서는 시계바늘도 천천히 돈다_창평 삼지내 마을

부록 잠수타기 좋은 여행지 정보 ···334

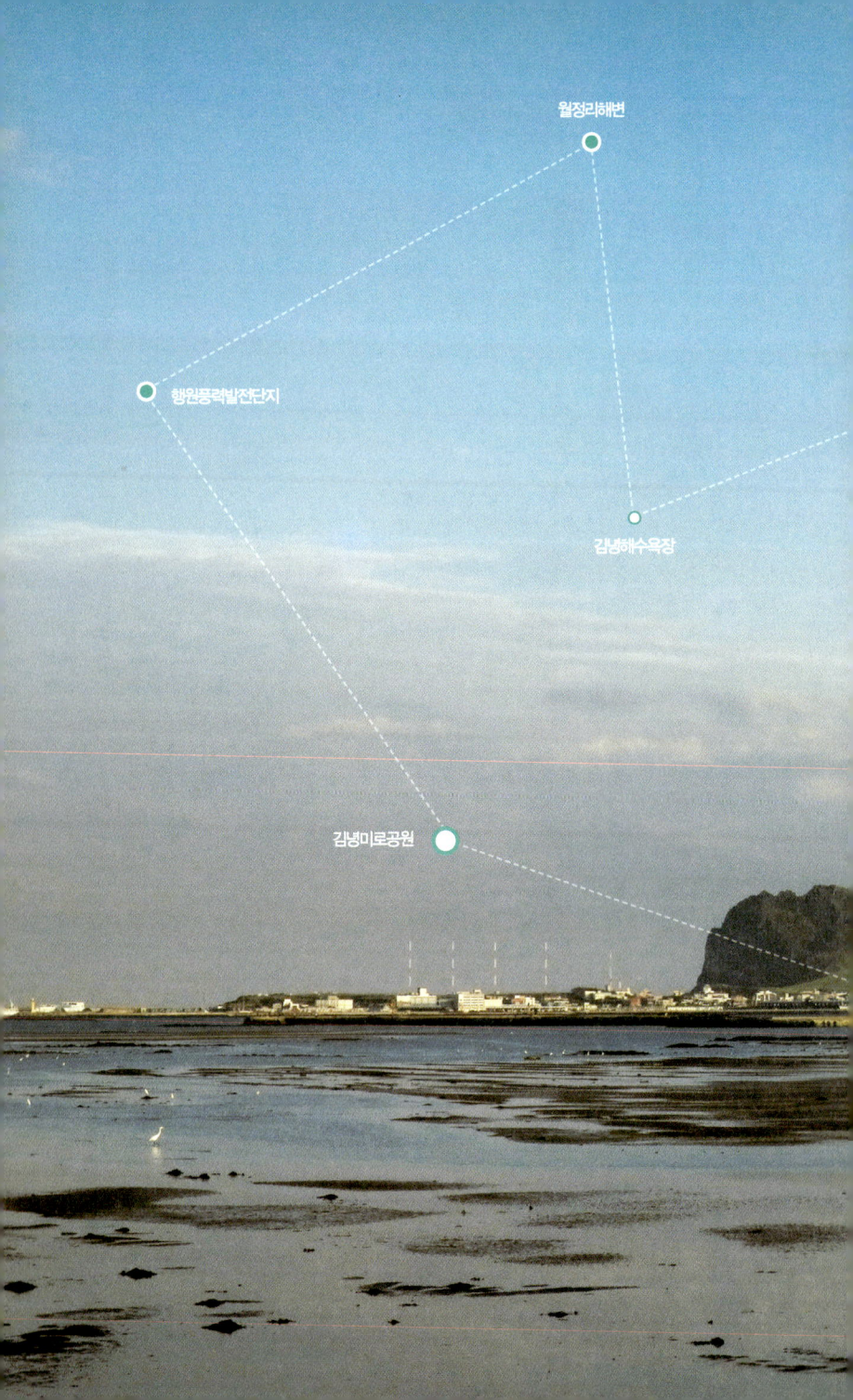

함덕해수욕장

제주
– 동남쪽

달랑 빈손으로 떠나는
일탈의 맛!

하도리철새도래지

’
바람처럼 떠나다

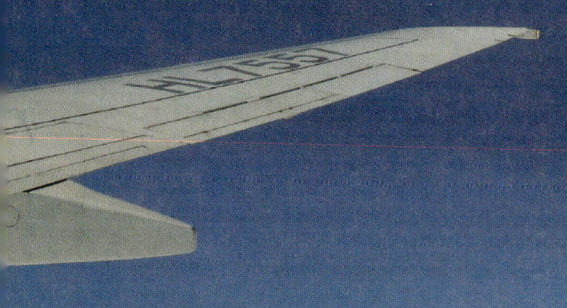

오늘 아침, 출근할 때만 해도 몰랐다. 아니, 어제와 똑같은 점심 메뉴를 먹고 사무실로 돌아갈 때까지도 몰랐다. 내가 제주도행 비행기를 타고 있을 줄은……. 살다 보면 이런 날이 있는 것이다. 어느 날 문득, 예고 없이 바람처럼 사라지기. 마음속 깊은 곳에 끓어오르던 마그마가 분출해 버린 날, 뜨거운 용암을 식히려면 속절없이 바다로 떠나야 한다. 이곳으로부터 가장 먼 섬으로.

이 자리에서 가장 먼 섬으로 가는 데 걸리는 시간은 한 시간 반. 시내버스 타듯 이렇게 쉽게 올라타고 보니 그동안 제주도가 멀어서 못 간 게 아니었다. 매번 바쁘다는 핑계로 제주도행을 포기했던 일들을 생각하니 우습기도 하다.

비행기가 중력을 이기고 가뿐히 하늘로 떠오를 때 나는 마음속 무거운 짐들을 창밖으로 던져버렸다. 서러움, 분노, 두려움이 활주로에 내리꽂힌다. 한결 상쾌하다. 오늘의 역사적인 일탈을 기록할 인증샷이 필요하다.

가방 안에서 카메라를 꺼낸다.

나는 지금 구름 위에 있다구…….

자유, 일탈여행의 맛

제주공항 로비에 앉아 사람들을 바라본다. 도착하고 떠나는 사람들의 발길이 분주하다. 어디로 가볼까? 바다도 많고 올레길도 많고 오름도 많은 이 넓은 섬의 어디로 가서 무엇을 해볼까? 문득 쓸쓸함이 몰려든다.

그러고 보니 혼자서 제주도를 찾았던 적은 없었다. 늘 용건이 있었고, 동행자가 있었고, 짧은 시간에 절절 매면서 바다를 흘끔거렸던 기억뿐이다.

일탈 여행이다. 계획에 없는, 충동적인, 마음의 상처로 인한 여행이다. 찜질방이나 가서 사우나하고 들어갔으면 풀렸을 마음일까? 이 여행, 즐길 수 있을까? 후회는 아무리 빨라도 늦는 법. 도착한 이상 일탈 여행을 즐기기로 한다. 아무 계산도 계획도 세우지 말고 나에게 자유를 주자. 신선한 자유의 공기가 어떤 맛인지 느껴보자.

차를 렌트하여 공항 북쪽의 용담해안도로를 타고 달린다. 간간히 스쿠터나 자전거를 타고 가는 사람들이 지나간다. 하늘은 맑고 푸르다. 선명한 수평선은 날렵하게 나의 왼쪽을 따른다. 벤치에 앉아 있는 여행자는 무언가를 열심히 들여다보고 있다.

동지여, 행운을 빈다!

검은 돌밭 위를 조심스럽게 걸어본다.
바닷물이 숭숭 뚫린 구멍으로
재빠르게 스며들었다 빠져나가는 소리에 귀가 간지럽다.
눈을 감는다.
써억써억, 송아지가 헛바닥으로 물을 핥아먹는 소리.
호르르르, 수평선 위로 물개처럼 솟아오른 해녀의 숨비소리.

함덕해수욕장 | 제주도 제주시 조천읍 함덕리 1008

’바람에게 따귀 맞은 자의 반성
— 김녕해수욕장

1층은 모래사장, 2층은 바다, 3층은 하늘.

이 각도, 이 자세로 지겨워질 때까지 앉아 있어야지. 평생 제주 바다가 그립지 않을 만큼.

채 한 시간도 못 되어 해변에서 쫓겨나고 말았다. 방향이랄 것 없이 따귀를 갈 겨대는 바닷바람과 끊임없이 반복되는 파도소리에 심신은 급속히 지친다.

바다는 생각보다 부드럽거나 달콤하지 않다. 오히려 푸른 야자수 아래 사색을 부르는 낭만적인 바다는 애석하게도 소리가 제거된 영상 속에 있는 것 같다. 복제품이 실제보다 더 편하게 느껴지는 세상이다. 실제가 아닌 이미지를 소비하는 환경에 익숙한 탓이다. 그러나 삶은 늘 소란스러운 현장에 있지 않은가. 의견의 차이, 오해, 다툼, 양보와 화해의 과정이 바로 삶이거늘…….

자동차에서 나와 다시 소란스러운 바닷가로 향한다. 방향 없이 불어대는 바람 속에 선다. 이제는 마음이 차분해지고 생각들이 오롯해지기 시작한다.

"Life is what happens to you while you're busy making other plans."

"삶은 네가 바쁘게 계획하는 동안에 너에게 일어나는 일"이라고 존 레논은 노래했지. 삶은 계획한 대로 예측한 대로 살 수 없는 것. 삶은 목적이 아니라 과정이니까.

이 여행은 예정에 없었던, 계획하지 않은 시간이다. 혼자서 파도와 노는 소년을 바라본다. 소년은 파도를 덮치고 파도에 쫓기는 놀이에 정신이 팔려 있다. 지금 저 소년의 귀에는 바닷바람과 소리가 어떻게 들릴까.

김녕해수욕장 | 제주도 제주시 구좌읍 김녕리 | 064-728-7752 | www.jejutour.go.kr

﹐모든 사람이 예술가가 되는 바닷가
- 월정리 해변

나는 지금 모래사장 위에 그려진 예술을 감상하고 있다. 복잡한 인생을 은유하는 듯한, 파도 물결이 만든 섬세한 음각화.

두 번 다시 카피될 수 없는 순간의 예술이다.

일찍이 아리스토텔레스가 예술은 자연의 모방이라 했으니, 저 자연이 그려낸 그림은 모방이 아닌 오리지널이다. 월정리 해변을 퍼담고 떠날 수 없으니 카메라를 들어 그림을 훔친다. 구도를 잡고 심도와 셔터속도를 결정하는 나의 행위는 아름다움을 구하는 '모방' 행위이며 메모리에 저장된 이미지는 더 이상 우연의 산물이 아니다.

카메라를 든 순간, 우리는 우연의 요소에 질서를 부여하기 시작한다. 이런 카메라의 운명에 반기를 든 사진가도 있다. 세계 곳곳에서 '자연의 그림' 프로젝트를 진행하고 있는 사진작가 아타 김 Atta Kim. 그는 거대한 캔버스를 자연 공간에 설치한 뒤 2년 동안 그 캔버스에 비와 바람, 동물과 인간이 남겨놓은 흔적을 기록한다. 캔버스를 제외한 인위적 요소를 최소화한 그 뜻 자체가 예술이다. 충남 부안군 위도에도 아타 김의 빈 캔버스가 있다고 하니 구경이라도 가야겠다.

아타 김으로부터 영감을 받은 나는 시간이 만들어내는 자연의 흔적을 좇는다. 프레이밍에 대한 고민없이 편하게 쉽게 사진을 찍는다. 해변에 버려진 콘크리트 구조물을 오브제 삼아 몇 컷 담아본다.

건물의 창문 역할을 했을 구조물은 인간에 의해 지어졌고 방치되어, 이제는 이제 더 이상 인공시의 대상이 아니다. 인간의 손에 의해 변형된 '자연'으로 돌아가고 있다.

이 자연을 활용한다면 월정리 해변에서는 누구나 사진작가가 된다. 예컨대 파란색 야외 의자를 해변에 놓고 멀찍이서 셔터를 누르면 작품 완성. 이때 의자는 화면 아래에 두고 바다와 하늘 풍경을 넉넉히 담아야 여백 있는 바다 풍경이 된다.

🚌 **월정리 해변** | 제주도 제주시 구좌읍 월정리 4-1

당신이 오기만을 기다렸어요, 닐모리동동

길 떠나는 여행자는 든든한 밥 한 끼로 시작하는 법!
용담해안도로변에 있는 '닐모리동동'에 차를 세웠다. 이탈리아식 해물탕인 치오피노 Cioppino를 주문하자 터질 것 같은 도우가 함께 나온다. 홍합살은 야들야들하고 새우의 붉은색은 처음 본 맑은 주홍이다.
닐모리동동은 비행기로 수송된 재료는 사용하지 않는 로컬푸드 식당이란다. 지역에서 생산된 식재료로 만든 건강한 음식. 그러니까 나는 이탈리아식 요리법으로 온전히 제주의 맛을 본 셈이다. 내 집 텃밭에서 키운 채소보다 더 신선한 재료는 없다.
이 식당 주인은 서울의 비벌리힐스, 청담동을 떠나온 사람이다. 식당 이름인 '닐모리동동'의 의미를 헤아려볼 때, 어쩌면 그가 제주도를 선택한 건 도시에 대한 환멸이 아니라 좋은 요리에 대한 욕망 때문일지도 모르겠다. '닐모리(내일 모레)'와 '동동(기다리는 모습)'을 합친 이 제주 방언은 무언가를 간절하게 기다린다는 의미가 담겨 있기에.

'당신이 오기만을 기다렸어요.'
여행자의 발에 힘이 생긴다.

닐모리동동 | 제주도 제주시 용담3동 2396 | 064-745-5008

바다를 마시는 카페, 고래가될카페

시원한 바닷바람을 날것으로 즐기려는 사람들을 위해 '고래가될카페'에서는 해변가에 작은 의자들을 늘어놓기 시작했다. 얼마 뒤, 바다를 보며 앉은 사람들의 뒷모습을 찍은 사진으로 인해 월정리 해변은 명소가 되었다. 지금은 외에도 자그마한 카페가 더 생겼고 더 많은 의자들이 해변에 내놓였다.

한 친구는 커피가 '인간이 만든 가장 합법적인 중독물질'이라고 했다. 그는 중독물질이라는 단어를 힘주어 강조했다. 아무래도 그는 방점을 잘못 찍은 것 같다. 그가 강조했어야 하는 단어는 '합법'이다. 우리는 중독에 놀랄 것이 아니라 그것이 금지되지 않았다는 데 놀라야 한다. 중독이란 금지되어 마땅한 것에 붙는 단어이므로.

그런데 탄수화물의 관점으로 볼 때 세계 인류는 탄수화물 중독자다. 책의 관점에서 독서를 좋아하는 사람은 활자중독자다. 그러므로 커피는 '중독'이 아니라 기호식품으로 논의되어야 한다. 더불어 이곳 월정리 해변에서는 저 바다 풍경까지도 '기호식품'이 되어버린다. 이곳에 앉아 우리는 커피와 함께 풍경을 마신다.

고래가될카페 | 제주도 제주시 구좌읍 월정리 4-1 | 관광객이 많지 않아 아직 깨끗하고 소박한 작은 마을 해변이다.

영등할망, 바람을 부탁해
– 행원리 풍력발전소

월정리 해변을 떠나 동쪽으로 이동하는 동안 내내 마을 안에 솟은 바람개비들을 보았다. 수평선 쪽에서 불어오는 바람을 모으는 기계, 소위 풍력발전기였다. 처음에는 장난감 바람개비 같던 기계는 가까이 갈수록 점점 커지더니 코앞에 서니 50미터가 넘는 거인의 풍모다.
월정리 해변에서 예술로서의 자연을 만났다면, 옆 마을인 행원리에서는 자연을 이용하여 '문명'을 일구는 인간을 만난 셈이다.

마을 이곳저곳에 세워진 발전기는 웅~ 하는 중저음의 기계소음을 내면서 느릿느릿 날개를 움직인다. 이 거인들의 임무가 인간들을 위해 바닷바람으로 전기 에너지를 만드는 것이라니, 새삼 신기하다.

마치 인간의 명령에 따라 일을 하는 로봇 같기도 하다. 물끄러미 바라보자니 금세라도 거인 로봇이 성큼성큼 걸어올 것만 같다.

이 거인의 팔을 돌리려면 평균 초속 4미터 이상의 바람이 불어야 한다. 초속 4미터라는 속도를 인간의 감각으로 환산해본다.

초당 2미터 전진할 때 바람은 피부를 스친다.
초당 4미터 전진할 때 바람은 나뭇가지를 흔든다.
초당 7미터 전진할 때 바람은 먼지를 일으킨다.
초당 12미터 전진할 때 바람은 몸을 떨게 만든다.
초당 20미터 전진할 때 바람은 나무뿌리를 뽑는다.
초당 30미터 전진할 때 바람은 유리창을 깨버린다.

행원리 마을에 들어설 때 의아하게 여겼던, 창문마다 X자로 청테이프가 붙여져 있는 까닭을 알게 되었다. 언제든 미풍이 태풍으로 바뀔 수 있는 곳 행원리. 바람에 지붕이 날아가거나 창문이 깨지지 않도록 늘 조심조심 살아야 하는 주민들에게 바람은 고맙고도 두려운 경원敬遠의 대상이겠지.

바람을 다스리는 신을 불러본다.

영등할망, 생명의 바람 보내주시고 재앙의 바람은 부디 거두어주게마씸!

되돌아갈 수 없는 길
- 김녕미로공원

미로迷路 공원이라니, 악취미다.
정원에서 길을 잃고 헤매는 즐거움(?)을 느끼란 말인가? 어떻게 직각으로 조형된 좁은 나무 사이를 뛰어다니면서 안락한 휴식을 얻을 수 있단 말인가. 르네상스 시대, 재산을 과시하기 위한 유럽 귀족들의 사치문화는 나와 상관없는 일이었다.
그런 내가 김녕미로공원을 지나치지 않은 이유는 단 하나. 미로에 빠진 사람들을 내려다볼 수 있는 구름다리가 있다는 정보 때문이다. 사람들이 미로를 어떻게 즐기는지 궁금했다. 사람들을 유혹하는 미로공원의 매력을 확인할 셈이었다.
조망이 좋은 지점에 자리를 잡고 내려다본다. 2미터가 넘을 듯 자란 랠란드나무 숲은 모형이 아닐까 싶을 정도로 깔끔하게 정돈되어 있다. 화산석 송이가

깔린 통로는 붉은 양탄자를 깐 것 같다는 홍보문구만큼은 아니지만 곱다. 출구를 찾는 사람들의 머리가 길목 여기저기서 불쑥 솟고, 아이들은 깔깔대며 마구 뛰어다닌다. 흠, 아이들은 즐거운 모양이군.
땡그랑! 미로를 탈출한 아이들이 종을 울리고는 미로 속에서 헤매고 있는 부모를 데리러 들어간다. 부모들의 표정은 무덤덤 또는 쓴웃음이다. 도무지 어떤 감정인지 알아챌 수가 없다. 그들도 과연 미로 찾기를 즐겼을까?

미로는 단 하나의 출구만을 지닌다. 수많은 갈래길들은 출구를 가로막는 장애다. 이렇게 위에서 보면 출구로 난 길이 보이지만 길 안에서는 그야말로 미궁이다. 복잡한 그들의 표정을 내 멋대로 해석해본다.
아, 미로 같은 내 인생은 언제 길이 열리려나…….
인생에 입구가 있으면 반드시 출구도 있다!
지켜보는 한 시간 내내 출구를 찾지 못한 사람도 없었고, 들어온 길을 돌아 나간 사람도 없었다. 그들은 미로 안에서 자신의 인생을 생각했으리라. 길 위의 성찰을 품고 있다면 미로는 매우 철학적인 길이다.

김녕미로공원 | 제주도 제주시 구좌읍 김녕리 산 16 | 064-710-3424

ʼ조개껍질로부터의 편지
- 하도리 철새 도래지

제주도 동쪽 끄트머리, 바다가 육지 안쪽을 깊숙이 패어놓은 이곳은 오래전부터 철새들의 고향이다. 추운 시베리아로부터 수만 리를 날아온 새들은 이 하도리 갈대숲에서 겨울을 난다. 제주도에 이런 습지가 있다니, 의외의 풍경이다. 고요한 해변에서 먹이를 찾는 노랑부리저어새가 눈에 띈다. 마음이 절로 평화로워진다. 한 겹 두 겹으로 엇갈려 축성한 방파제가 없었던들 노랑부리저어새가 연출하는 평화로운 그림은 불가능했을 것이다.

이곳은 태풍으로부터 안전하겠구나 하는 생각과 동시에 행원리 마을에서 본 창문이 떠올랐다. 바람을 막아보겠다고 X자로 청테이프를 붙여놓은 창문들과 이곳의 방파제……. 제주도 동쪽 해변에 나란히 붙은 마을이지만 그 삶의 양태는 사뭇 다를 수 있다는 생각, 나의 인생에는 어떤 방파제가 있을까 하는 생각들이 꼬리를 문다.

늦여름의 용목둑다리 밑, 허리를 구부려 조개를 캐는 사람들을 보니, 마치 철새들 같다. 하긴, 양식거리를 찾는 생물이라는 관점에서 새나 사람이나 피차일반이다. 어떤 조개를 줍고 있는지 슬쩍 양동이 속을 훔쳐본다. 희고 고운 모시조개도 있고 노랗고 푸른 줄무늬 또는 얼룩무늬 조개도 있다.

각각 다른 패턴을 지닌 조개껍질 무늬는 생존을 위한 보호색인가. 그렇다면 이 무늬들은 모래나 자갈을 흉내 낸 것이리라. 아닌 게 아니라 물이 맑고 알록달록한 자갈이 많은 곳에서는 조개껍질도 알록달록하다.

조개들도 저토록 곱고 섬세한 무늬로 자신을 보호하다니, 왠지 숙연해진다.

나를 보호할 일이다. 거친 세파로부터 나를 지킬 하나의 곱고 예쁜 무늬 하나 가질 일이다.

하도리철새도래지 : 제주도 제주시 구좌읍 하도리 53-2 : 064-710-3314

여행자의 라운지, 바람카페

바람카페는 아직 문을 열지 않았다. 오픈시간이 훨씬 지났으나 바람여행자는 지각 중이다. 바로 옆 산천단에는 버팀목에 의존한 곰솔나무가 600년의 시간을 힘겨워하고 있다. 주인을 기다리던 고양이가 스스럼없이 다가와 내 다리에 꼬리를 스치더니 뫼비우스의 띠를 그리며 돈다. 사람이 그리웠구나.

도시에서 고달픈 시간을 보내던 바람여행자 이담은 힐링을 위해 제주로 잠시 피신하였다. 카메라와 노트북으로 제주의 이야기를 올리고 여행자를 위한 파워블로거 활동을 하다가 이제는 아예 제주 생활자, 제주 이민자의 대부 역할을 하고 있다.

그가 운영하는 카페는 산천단의 좋은 기운을 받아서인지 기분 좋은 휴식을 떠올리게 한다. 여행에 2% 부족함을 느낄 때, 그 여행에서조차 쉼표를 주고 싶을 때 찾게 된다. 맛을 보면 누구나 감동하는 오므라이스, 시간이 많아서 독학으로 배웠다는 드립커피를 마실 수 있다.

바람카페 | 제주도 제주시 아라1동 371-20 | 070-7799-1103 | http://blog.daum.net/inmymind

노을과 달과 별이 있는 *카페 루마인*

하도리에서 성산으로 넘어가는 길, 차를 세운 건 길변에 내놓은 거대한 커피잔 때문이다. 온갖 색상과 서체로 장식한 'Coffee'보다 강력한 정지신호다. 잠시 팝아티스트인 올덴버그 선생이 떠올랐다. 빌딩 위에 꽂힌 거대한 아이스크림, 아스팔트를 자르고 있는 거대한 톱날, 그리고 청계천 광장 앞에 장식된 거대한 다슬기……

카페 루마인의 야외 테이블은 해질녘 커피타임에 적당하다. 붉은 노을에 물든 구름을 휘핑해 커피에 얹어달라고 주문해볼까? 좀 더 앉아 있으면 노을 하늘을 배경으로 날아가는 새떼를 볼 수 있을까?

제주를 찾은 시크한 독신녀가 내게 묻는다면 나는 이 모던한 펜션 카페를 추천할 생각이다.
"이 바다의 노을과 달과 별을 즐겨보세요."

카페루마인 | 제주도 제주시 구좌읍 종달리 624 | 064-782-5239

고창

자유를 깨닫는
여행자의 시간

고창읍성

학원농장

삶은 다른 곳에도!

'삶은 이곳에!'
여행 가방을 꾸릴 때마다 마음속으로 새기는 말.
여행이 달콤한 이유는 제 자리로 돌아오기 때문이다.
숨 막히는 일상에 활기를 불어넣기 때문이다.
그러나 여행이 습관이 되는 순간, 현실을 직시하는 나의 눈은 가려질 것이다.
낭만을 향해 떠날 때 등 뒤에 현실이 기다리고 있음을 잊어선 안 된다.
라고, 믿어왔다. 어제까지는.

지금은,
'삶은 다른 곳에도!'
여행이 가리키는 하나의 방향은 '자유'다.
자유로운 삶을 깨닫는 시간은 소중하다.
그 시간이 습관이 된다면 여행의 가치는 소멸된다.
여행은 삶의 일부다.

저 무심한 고인돌을 보면서 이런 생각을 했다.

까마득한 시대의 죽음에 관한 명상
– 고인돌공원

말하자면, 여행은 이런 거다. 도망치고 싶을 때 떠나면 도피, 자신에게 상을 주고 싶을 때 떠나면 휴가, 생각이 복잡할 때 떠나면 명상의 시간.
여행의 가치는 여행자의 마음에 달려 있다. 지금 나는 명상의 시간을 즐기고 있다. 여기저기 푸른 들판에 뿌려진 고인돌 사이에서.
고창을 몇 번 찾은 적이 있었지만 고인돌을 보러 오지는 않았다. 고창에는 선운사만 있는 줄 알았으니까. 그런데 지금 나는 일부러 이곳을 찾았다. 볼거리에 집중하지 않아도 된다는 이유로. 생각을 정리하고 싶을 때면 눈을 유혹하는 대상을 피해야 한다.

착각이었다. 고인돌은 외모와는 달리 의외로 수다스럽다.

아니, 고인돌은 수천 년간 말없이 한 자리를 지키고 있을 뿐이고, 그들에게 부지런히 말을 거는 건 나였다. 어떻게 이 고장 바닥 한가운데 2000여 개의 고인돌이 밀집된 것일까, 이곳이 청동기 시대의 공동묘지였단 말인가, 커다란 돌은 족장의 무덤인가……. 한반도에 특히 고인돌이 많다는 정도의 상식은 지니고 있었지만, 고창의 고인돌이 기록 이전의 시대(선사시대)를 증언하는 세계문화유산인 줄은 미처 몰랐다.

고인돌을 세우는 그들을 상상한다. 죽음을 애도하는 의식을 치르는 인간들. 동물의 가죽을 입고 돌도끼를 든 그들의 생활은 원시적인 것일지언정 고인돌이라는 징표로써 죽은 이를 애도하는 행위는 얼마나 인간적인가.

고인돌 군락지를 배경으로 사진을 찍던 여행자가 해설사에게 묻는다.

"고창에만 고인돌이 많은 이유는 뭔가요?"

"옛날부터 살기 좋은 곳이었으니께요. 예전에는 여까지 물도 들어오고……."

간단하지만 가장 명쾌한 대답이다.

그들은 '살기 좋은 곳'에서 태어나고 죽음을 맞았다. 행복했을 것 같다.

고인돌공원 | 전북 고창군 고창읍 도산리 676번지 | 고인돌공원 관리사무소 063-560-8666 | http://culture.gochang.go.kr/site_goindol/

모로모로 탐방열차 | 고인돌 공원에 도착하면 박물관 앞에 서 있는 탐방열차를 볼 수 있다. 6개의 코스로 구역화된 유적지가 띄엄띄엄 있어 관람객의 이동을 돕기 위한 수단이다. '모로모로'는 고인돌의 모양을 연상케 하는 한글 모양에서 본뜬 이름이다. 해설사가 동반한다.

후손들은 이곳을 기억할지어다
— 고창읍성

고창읍성에 닿자 상상은 선사시대로부터 조선시대로 무대를 옮긴다. 읍 안을 둘러싼 성곽의 모양은 침략을 막기 위해 지었다고 볼 수 없을 만큼 아름답다. 언덕 능선을 따라 쌓은 돌벽은 강물이 흐르는 듯한 곡선을 이루고, 성벽을 이룬 돌 하나하나의 크기와 모양이 제각각이어서 자연미를 띤다. 알고 보니, 인공적으로 고창읍성은 쪼갠 돌이 아니라 자연석들을 져다 나른 뒤 아귀를 맞춰가며 쌓아 올린 성벽이다. 그 힘든 노동은 물론 이곳 고창의 서민들의 몫이었겠지. 고창읍성은 낙안읍성, 해미읍성과 함께 조선의 3대 읍성으로 알려졌는데, 곰곰 생각하니 공통점이 있다.

세 읍성 모두 곡식이 풍부한 서쪽 해안에 위치하고 있으며, 왜구의 침략을 막기 위해 조선시대에 축성되었다는 것. 도성도 아닌 읍성을 지을 정도였다면 당시 왜구가 얼마나 들끓었다는 말인가.

그 당시, 이곳 서민들의 삶에서 가장 중요한 건 돈도 명예도 아니었으리. 언제 쳐들어올지 알 수 없는 외침으로부터 생명을 부지하는 것. 하루하루의 생활이 얼마나 긴장되고 고단했을까.

성곽을 따라 1700미터의 둘레를 산책할 수 있는 길이 나 있다. 심지어 성곽 위로 걸을 수도 있다. 성곽길 초입에 안내판에는 답성놀이에 대한 설명이 있다. 머리에 돌을 이고 성을 한 바퀴 돌면 다릿병이 낫고, 두 바퀴 돌면 무병장수하며, 세 바퀴 돌면 극락승천한다는 놀이다.

아, 성을 쌓느라 돌을 져 나른 이들의 노고를 기리는 의식이군. 청동기 사람들이 고인돌을 세워 가족의 죽음을 기린 것처럼, 조선시대의 고창 백성들은 성곽을 다 같이 도는 놀이 형식으로써 그들의 희생을 기억하고 기념하는 것인가.

고창읍성 | 전북 고창군 고창읍 중앙로 245 | 관리소 063-560-8067, 문화관광안내소 063-560-8055 | http://culture.gochang.go.kr/site_eupsung

,참 좋은 공원, 읍성
- 고창읍성

고창 시내가 훤히 내려다보이는 성곽길을 돌아본다. 침략 방어를 위해 건축된 읍성은 이제 전망 좋은 공원이 되었다. 성벽을 왼쪽으로 둔 외길에 다정한 연인, 아이와 함께 온 부부가 산책하는 풍경이 평화롭다. 앞으로 둥글게 튀어나온 전망지대에는 수업을 끝내고 온 여학생들이 재잘거리고 있다. 훗날 저들은 오늘의 추억을 되새길 때 미소 지을 것이라 나는 확신한다.

읍성은 통째로 주민들에게 제공되고 있었다. 명색이 조선시대의 읍성을 대표하는 문화재인데 이렇게 함부로 다뤄도 되나 싶을 만큼 개방적이다. 그게 맘에 든다.

한 바퀴를 도는 내내 '손대지 마시오'나 '들어가지 마시오' 같은 경고문구를 볼 수 없어 기분이 좋았다. 안쪽의 울창한 숲속에는 풀밭에 아무렇게나 자리를 잡고 앉은 주민들이 있다. 다람쥐들은 겁도 없이 이 가지에서 저 가지로 키 큰 나무들을 날아다닌다.

읍성을 쉼터로 가진 고창 주민들이 부럽다. 개성 없이 조성된 근린공원에서 조깅하는 도시 사람들이 안됐다는 생각이 든다.

잠수함을 버린 토끼
– 미당시문학관

선운사 골째기로
선운사 동백꽃을 보러 갔더니
동백꽃은 아직 일러 피지 않했고
막걸리집 여자의 육자배기 가락에
작년 것만 시방도 남았습니다.
그것도 목이 쉬어 남았습니다.

고창이 선운사의 고장이라면, 그 선운사를 세상에 알린 이는 미당未堂 서정주다. 육자배기를 불러 젖히는 막걸리집 여자의 쉰 목소리에 묻어나는 슬픔을 동백꽃에 비유한 시 〈선운사 동구〉로 선운사를 알게 된 나 역시 선운사 뒷마당

에 뚝뚝 떨어지는 동백꽃을 보러 왔었다. 하물며 미당의 〈국화 옆에서〉를 모른다면 간첩 아니면 외국인이다.

폐교를 개조해 만든 미당시문학관에 전시된 시인의 육필원고와 사진 자료들을 본다. 떨리는 손으로 한 자 한 자 써내려간 시인의 친필 원고를 보니 애처롭다. 그러나 한쪽 벽면에 걸린 미당의 친일 시와 산문을 보니, 애증이 교차한다. 미당만큼 국민의 사랑을 한 몸에 받은 시인이 있었던가. 누구도 흉내 낼 수 없는 천재 시인이었기에 일제에 협력했다는 사실은 더욱 큰 상처로 남는다. 왜 일본을 찬양하는 시를 썼느냐는 물음에 '일제의 지배가 수백 년은 이어질 줄 알았다'는 시인의 변명이 더 가슴을 후빈다.

시인이란 존재는 잠수함 속의 토끼이며, 시대의 양심이 아니었던가.

불행한 역사다. 쉽게 용서할 수도 용서받을 수도 없는 아픔이다. 비극은 당대로 끝나지 않는다. 후대로 하여금 그의 시를 맘껏 사랑할 수 없는 비극으로 이어진다. 문학관을 나오는 발길이 무겁다.

🚌 **미당 시문학관** | 전북 고창군 부안면 선운리 23번지 | 063-560-8058 | http://seojungju.com/seojungju

’따뜻한 집
— 안현 돋음볕 마을

미당 시문학관의 전망대에서 내려다본 마을 정경은 소담하다. 미당의 문학관과 생가(生家)로 인해 문학도의 답사지가 된 돋음볕(처음으로 솟아오르는 햇볕) 마을. 우중충하던 마음이 조금은 펴지는 듯하다.

어찌되었든 미당의 시는 많은 이들의 가슴에 가 닿았고, 매년 가을마다 이 작은 마을에서 열리는 국화꽃 축제가 열리는 걸 보면 당분간 〈국화 옆에서〉의 인기를 추월할 만한 시는 등장하지 못할 듯하다.

집집마다 멋진 지붕과 담장을 가진 시골마을이다. 하나의 커다란 국화꽃이 그려져 있는 담벼락, 하얗고 노란 국화를 사계절 내내 이고 있는 함석지붕. 그리고 웬 시골 아낙의 얼굴이 큼지막하게 그려진 '누이 벽화'……. 바로 그 집주인 아주머니의 얼굴이다. 그네들이 바로 "이제는 돌아와 거울 앞에 선 내 누이같이 생긴 꽃"인 것이다. 그림이 어설프지 않아 다행이다.

보기만 해도 따뜻한 집들이다. 이렇듯 꽃 한 송이만 그려놔도 시골마을에 온기가 도는 것을…….

담장과 지붕에 꽃이 활짝 피어 있고 푸근한 누이가 있는 집이라면 삶도 덜 고달프지 않을까? 통영의 동피랑 마을과 비슷하면서도 그 느낌은 사뭇 다르다.

안현 돋음볕마을 | 전북 고창군 부안면 송현리 | 063-562-1417

동해바다가 톡 쏘는 소주라면 서해바다는 막걸리다.
동해바다가 싱싱한 회라면 서해바다는 삭힌 홍어다.
그러니, 이 갯벌에서는 홍어 한 점에 막걸리를 마셔야 흥이 난다.

조개눈이 어두운 여자
– 만돌 갯벌체험 학습장

바닷물이 빠지기 시작하면 10킬로미터가 넘는 갯벌을 드러낸다는 만돌리 해변. 그 갯벌 한가운데로 가보자. 10물, 11물…… 간조와 만조의 차이가 가장 커지는 물때를 맞추어야 한다.

만돌리 갯벌은 발이 푹푹 빠지지 않고 단단하다. 그 위를 트랙터를 개조한 갯벌 버스를 타고 달린다. 바다를 향해 10분이나 달려 나갔는데 아직도 갯벌이다. 버스에서 내려 바다를 바라본다. 수평선은 온 데 간 데 없고 갯벌의 지평선이다. 마음속 평온함을 기원하는 선긋기, 카메라를 꺼내 눈앞의 지평선으로 화면을 분할한다.

사람들은 사막에 버려진 유목민 같다. 각자 점점이 흩어져 사막의 우물을 찾듯 갯벌을 판다. 아이들은 처음 잡아보는 호미로 갯벌 속에서 동죽이나 백합을 잘도 찾아낸다. 나도 넓게 터를 잡고 흙을 파헤쳐보지만, 아무래도 하얗고 동그란 조개는 내 손에 들어오지 않는다.

나를 보던 만돌리 토박이 주민이 한심하다는 듯 웃는다.

"조개눈이 어둡네요."

그는 허리를 굽히더니 갯벌 속에서 조개 하나를 '꺼내어' 나에게 준다. 나를 놀리는 게 분명하다. 갯벌 속에다 조개를 숨겨둔 게 아니라면 어떻게 2초 만에 조개를 줍지?

계절이 거꾸로 흐르는 보리밭
— 학원농장

여기는 가을이 완연하다. 봄날에 마음을 차분히 가라앉히고 싶다면 학원농장을 방문해도 좋겠다. 이곳에서는 계절이 반대로 흘러가기 때문이다.

계절을 거스르게 하는 건 보리다. 10월 말에 파종하면 한 달 가량 이곳은 봄날의 푸른 잔디밭이 된다. 겨우내내 성장을 멈추고 웅크리고 있다가 4월 중순이 되면 맑은 녹색으로 물든 여름이 되었다가, 5월이 다 지나갈 때면 노랗게 익은

가을이 찾아온다. 여름에는 해바라기가 피고 가을에는 하얀 메밀꽃이 피는 봄이다. 여기서 1년만 지내면 본래의 계절을 잊을 것 같다.

보리가 누렇게 익기 전인 4~5월 중순의 청보리밭이 장관이라는데, 그 광경을 놓친 게 전혀 아쉽지 않다. 이렇게 황홀한 황금빛 들판을 볼 수 있는 기회는 드물 테니까.

온통 보리밭인 줄 알았는데, 보리와 밀이 섞여 자란다고 한다. 보리알과 밀알이 매달린 대궁이는 바람이 불 때마다 쏴, 쏴, 무거운 머리를 흔들어댄다.

보리밭, 밀밭의 군무를 보는 것 같다.
춤 제목은 '머리를 가눌 수 없어라.'

바람에 나부끼는 노란 물결은 고흐의 그림을 닮았다.
노란색을 사랑했던, 아니 집착했던 천재화가 고흐. 불타는 해바라기,
꿈틀거리는 밀밭, 노란 빛으로 물든 카페, 노란 침대와 의자…….
어둡고 외로운 그에게 노란색은 희망의 빛이었을까,
아니면 광기의 표출이었을까.
알 수 없으나, 학원농장의 보리밭 풍경은
고흐의 밀밭에 뒤지지 않는다.

사람은 자연의 하부구조다
― 학원농장

어느 원로 조경 설계가의 말이 떠오른다.

'온 국토가 정원이고 공원이다.'

꽃 심고 나무 심어 디자인한 공간만이 정원이 아니라 논이며 밭이 모두 정원이 된다는 것이다. 푸른색으로 시원한 논이 황금빛으로 변해가는 풍경을 바라보는 것만으로도 우리는 감동을 받지 않느냐. 그러니 사과밭, 복숭아밭, 배밭도 예쁘고 빈 들판에 자라는 야생화도 멋진 정원이라는 말에 격하게 동의하는 바다.

그런 의미에서 학원농장은 관광농업의 선각자인 셈이다. 이미 20년 전에 미개발 야산 10여 만 평을 개척하여 보리밭과 콩밭을 재배하면서 카네이션과 장미 등의 화훼 농업을 병행했기 때문이다.

드넓은 보리밭 풍경 다음에 꽃밭을 볼 수 있으니 자연스레 구경꾼들이 몰려들었고, 청보리축제 같은 행사도 치르고 있다. 내 짐작으로는 지금 농업으로 인한 소득보다는 관광 소득이 월등하지 않을까 싶은데, 이런 아이디어를 용기 있게 실천한 농장 주인에게 감사할 따름이다.

인위적으로 정비된 곳은 '관광지'라고 써 붙인 것 같아 왠지 감흥이 덜하다. 학원농장처럼 작물이 자라는 풍경을 사람들에게 공개하는 편이 자연스럽다. 광양의 매화마을이나 구례의 산수유마을이 그러하듯.

사람의 손길이 덜 닿을수록 멋진 자연을 볼 때마다 드는 생각.

'사람은 자연을 꾸밀 수 없다. 사람은 자연의 하부구조니까.'

학원농장 전북 고창군 공음면 예전리 산119-2 | 063-564-9897 | www.borinara.co.kr

고창의 보양식, 풍천장어와 특별한 짬뽕

전북 고창 선운사 앞 고랑을 풍천風川이라 부른다. 바닷물과 강물이 합쳐지는 풍천에서 잡은 장어는 장어 중에서도 특별히 맛있기로 소문났다.
숯불 위에 구은 장어를 상추와 깻잎에 얹고 생강 올리고 싸서 한 입에 넣으면 '입에서 녹는다'는 표현이 이런 거였구나 싶다. 여기에 고창에 오면 꼭 마셔봐야 한다는 복분자술을 함께한다. 낮잠 한숨 자고 가도 아무도 방해하지 않는다. 평상 옆 매어놓은 개조차 짖지 않는 오후가 저물어 간다.

정금자참매집풍천장어 | 전북 고창군 아산면 삼인리 48 | 063-562-0192

시골마을에 꼭꼭 숨어있는 중국집을 일부러 찾아간다는 건 보통 일은 아니다. 그 흔한 중국요리를 먹기 위해 일부러 발걸음을 한다니, 그 맛이 얼마나 대단한지 궁금했다.
성송반점은 해산물이 듬뿍 담긴 짬뽕이 유명하다. 울금이 들어간 매콤한 맛은 전국에서 유일한 맛이라는 데 동의한다. 한 그릇 먹고 동네 한 바퀴 돌아보면 좋다. 아주 한적한 시골 동네다.

성송반점 | 전북 고창군 성송면 계당리 609 | 063-561-5331

야외취침을 원한다면, 오토캠핑장

여행을 좋아하는 이라면 누구나 달리는 집, 캠핑카를 꿈꾼다. 몇 년 동안 캠핑카에 눈독을 들이다 보니 내부 시설에 대한 요구 사항도 갈수록 많아진다. 혹시 모를 동행자를 위해 2층 침대는 기본이고, 식탁을 가운데 두고 소파 의자가 있어서 밥도 먹고 책도 읽고 빈둥거리기에 좋아야 한다는 조건이 늘어났다.

고창오토캠핑장에는 그런 집들이 옹기종기 모여 있다. 문을 닫으면 시동을 걸고 어디든 달려줄 것 같은 집이 된 캠핑카. 내부는 완벽하다. 깨끗한 샤워부스와 뽀송뽀송한 침대, 정사각형식탁, 내 키에 맞는 싱크대까지. 한 치의 낭비 없는 공간 활용으로 아늑하고 산뜻하다.

게스트하우스나 민박집이 마땅치 않을 때면 오토캠핑장 있다는 것을 기억해둘 것.

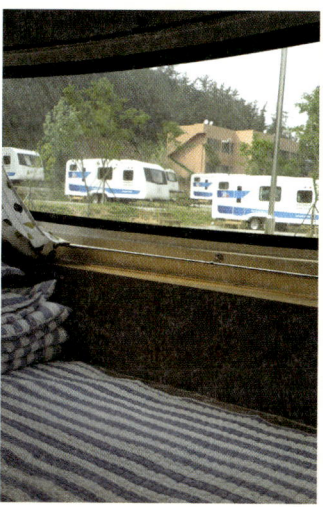

고창오토캠핑장 | 전북 고창군 부안면 용산리 44-18 | 063-565-3318 | 캠프장 내에 2013년에 개장한 고창향토문화체험관(찜질방)에서 구들체험을 하며 여독을 풀 수도 있다.

정선

눈 내린 산골의
품은 따뜻하다

정선5일장

나와 나타샤와 흰 당나귀

― 백석

가난한 내가
아름다운 나타샤를 사랑해서
오늘밤은 푹푹 눈이 나린다

나타샤를 사랑은 하고
눈은 푹푹 날리고
나는 혼자 쓸쓸히 앉어 소주를 마신다
나타샤와 나는
눈이 푹푹 쌓이는 밤 흰 당나귀 타고
산골로 가자 출출이 우는 깊은 산골로 가 마가리에 살자

눈은 푹푹 나리고
나는 나타샤를 생각하고
나타샤가 아니 올 리 없다
언제 벌써 내 속에 고조곤히 와 이야기한다
산골로 가는 것은 세상한테 지는 것이 아니다
세상 같은 건 더러워 버리는 것이다

눈은 푹푹 나리고
아름다운 나타샤는 나를 사랑하고
어데서 흰 당나귀도 오늘밤이 좋아서 응앙응앙 울을 것이다

눈이 푹푹 나리는 밤,
시베리아행 대륙열차에 오르다
– 구절리역 기차펜션

26세의 젊은 시인 백석은 자야 r&를 사랑했다. 자야는 뛰어난 예술적 감성을 지닌 기생이었다. 집안의 반대로 그녀와 결혼할 수 없게 되자 백석은 자야에게 러시아로 떠나자고 했다. 〈나와 나타샤와 흰 당나귀〉는 1938년 백석이 경성 청진동 자야의 집에서 써내려간 시다. 그 후 그는 다른 여인과 결혼했다.

여기는 정선 구절리역.
이제는 더 이상 달리지 않는 열차를 개조한 기차 펜션(통일호)에서 하룻밤을 지냈다. 이렇게 침대칸에 누워 눈 쌓인 창 밖 풍경을 보고 있자니 아름다운 이미지가 그려진다. 눈 내리는 밤 사랑하는 여인과 흰 당나귀를 타고 산골로 들어가는 뒷모습.
"세상 같은 건 더러워 버리"고 사랑하는 자야와 함께 살리라던 시인은 떠나고, 나타샤(자야)는 늙어 죽는 순간까지 백석의 여인으로 살았다.

어젯밤, 흩날리는 눈발을 맞으며 도착하여 기차 펜션에 들어설 때 여행지에 도착한 게 아니라 새롭게 먼 여행을 떠나는 듯한 기분이었다.

결국 꿈속에서 나는 시베리아를 향해 달리는 대륙횡단 열차에 있었다. 아득한 들판으로 끝없이 펼쳐진 흰 눈과 흰 자작나무, 그 위로 가루가 되어 쏟아지는 별빛, 하얀 말이 허공을 날아다니는…… 마치 샤갈의 그림 속으로 들어간 듯한 꿈이었다.

나는 꿈속에서 흰 당나귀에 올라탄 나타샤가 흰 드레스 자락을 휘날리며 날아다니는 풍경을 보았다.

눈이 푹푹 나리는 산골 마을로 가자던 시인 없는 이곳, 정선의 첫날밤에 나는 눈부시게 아름다운 나타샤를 보았다.

구절리역 | 강원도 정선군 여량면 구절리 290-82 | 1544-7788 | 정선선의 역이지만 지금은 기차 운행을 하지 않고 레일바이크와 기차펜션 등의 관광 사업을 주로 한다.
기차펜션 | 강원도 정선군 여량면 구절리 290-4 | www.railbike.co.kr | 펜션은 성수기, 비수기 구별 없이 가격이 동일하다.

,구절리에는 기차가 없다
– 풍경열차

딸랑딸랑~ 몽상에서 깨어나게 하는 이 소리의 정체는 바로 기차 출발을 알리는 종소리! 달리지 못하는 붙박이 열차인 줄만 알았는데 움직이기도 한단 말인가? 창밖을 둘러보니 레일 위를 달려가는 기차 꽁무니가 보인다. 기차펜션을 박차고 나왔지만 따라잡지 못했다.
어찌된 영문일까. 구절리역을 통행하는 진짜 기차가 있었단 말인가.

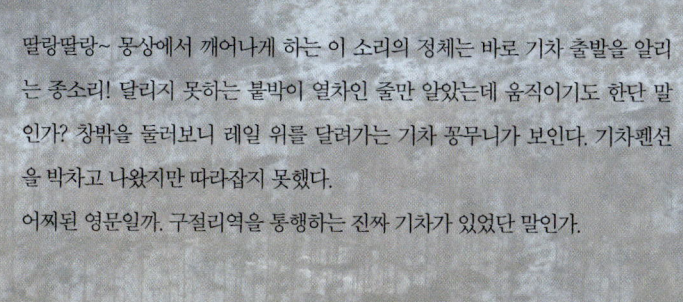

이왕 나온 김에 기차역 주변을 산책하기로 한다. 돌아보니, 간밤에 나를 싣고 시베리아를 달렸던 팬션기차는 아무 일도 없었다는 듯 레일 위에 엎드려 있다. 넓고 한적한 구절리역에서 주변을 휘휘 돌아본다. 높은 노추산을 배경으로 한 마을회관, 식당, 우체국, 부녀회관이 차례로 한눈에 들어온다. 그 넓은 산의 품에 감싸인 마을이 앙증맞다.

한적한 동네 골목을 두릿거리며 걸어 다니던 나는 어느 허름한 건물 앞에서 눈이 번쩍 뜨인다. 엉성해 보이는 간판은 '커피 볶는 집'이고, 시멘트벽에는 페인트로 '핸드드립'이라고 씌어 있었던 게다. 대도시 중심가에서나 볼 수 있는 세련된 커피숍은 아니지만 분명 이곳에서도 드립커피를 마실 수 있다!

강원도 겨울의 맑고 매운 아침공기 속에서 은은한 커피향이 나는 듯해 문을 당겨보지만 잠겨 있다. 이 커피숍의 오픈 시간은 정해져 있지 않은 데다가 이렇게 눈 내리고 추운 날이면 주인장이 늦게 나온다니, 괜히 입맛만 다시고 만다.

문 닫힌 커피숍 앞에서 발길을 떼지 못하고 있는데, 딸랑딸랑~ 하는 종소리가 뒤통수로 와 닿는다.

잡았다!

얼른 역사 쪽으로 달려가보니, 기차는 진짜 기차다. 그러나 정선 골짜기를 돌고 돌아 동해나 속초 바다로 실어다주는 그런 기차는 아니고, 가까운 아우라지역에서 관광객을 실어 오는 풍경열차였다.

'관광 기념사진을 얻다
- 아우라지역으로 향하는 레일바이크

풍경열차는 그 위용에 비해 볼품없는 역할을 수행한다. 이곳에서 레일바이크를 타고 아우라지역으로 가는 사람들을 천천히 뒤쫓아가서는 그들을 태우고 돌아오는 게 고작이다. 간밤에 대륙횡단 열차를 탄 나로서는 어쩐지 김이 샌다. 잠시 이곳이 산골짜기 강원도 정선이라는 사실을 잊은 게다.

이 추운 겨울, 홀로 심심산천의 작은 역사를 찾은 이유는 관광하고자 함이 아니다. 더욱이 콧물 훌쩍이며 레일바이크 따위를 탈 계획 따윈 없었다.

그러나 솔로 여행에서 못할 게 뭐가 있겠는가. 혼자 밥 먹고 혼자 돌아다니면서 혼잣말을 하기도 하고, 또 어느 때라면 생각조차 못할 돌발적인 모험도 가능한 것!

모자를 깊이 눌러쓰고 유유자적 레일바이크 바퀴를 굴린다.

시간이 천천히 흘러간다.

겨울산에 눈 내린 풍경은 그 자체로 완벽하다. 무엇으로도 흉내 낼 수 없는 아름다움이다. 때때로 사진을 업으로 하는 자는 이러한 오리지널 앞에서 비애를 느낄 수밖에 없다. 자연은 인간이 만든 모든 것의 원형(原型)이므로. 카메라로써 원형을 모사하려는 노력 또한 결국은 신에게 가 닿고자 하는 동경의 몸짓이다.

200미터쯤 왔을 때 전방에 사진사가 대기 중이다. 그는 파라솔 밑에 서서 꿈쩍하지 않고 주시하다가 레일바이크들이 베스트 포인트를 지나는 순간 셔터를 누른다. 나는 찍히기 전에 냅다 소리를 질렀다.

"높은 산 아래 쬐그만 자전거처럼 보이게 찍어주세요!"

내 말을 못 알아들었는지 예의 그 포인트에서 나는 기념촬영을 당한다. 일금 2000원을 주면 아우라지역에서 인화된 사진을 받을 수 있다는데, 획일적인 사진이겠지만 흔쾌히 추억의 비용을 지불할 생각이다.

레일바이크 코스를 따라 흐르던 송천이 골지천과 합류하는 지점에 닿으면 7.1킬로미터짜리 레일 여행은 막바지를 향해 치닫는다.

다리에 힘을 실어 바퀴를 굴리면서 눈을 감는다. 몸 전체가 시베리아 벌판을 달리는 열차가 된다.

🚋 **레일바이크** | 강원도 정선군 여량면 구절리 290-4 | http://www.railbike.co.kr | 구절리역에서 아우라지역까지 7.1km의 노선이다.

여치카페와 어름치카페

레일바이크가 출발하는 구절리역과 당도하는 아우라지역에는 두 개의 재미난 카페 겸 식당이 있다. 구절리역에는 폐기차를 활용해서 곤충 여치를 본떠 만든 것으로, 우람하면서도 조형적으로 아름답다. 여치는 목하 열정적인 사랑을 나누는 암수 한 쌍으로, 암컷인 1층은 레스토랑이고 수컷인 2층은 커피숍이다.

아우라지역 앞에는 거대한 두 마리의 어름치가 떡하니 버티고 있다. 레일바이크에서 내린 사람들은 빨갛게 물든 볼을 감싸 안고 빨려 들어가듯 어름치의 몸통으로 입장한다. 비늘 느낌을 살리기 위해 반짝이는 타일 조각을 무수히 이어붙인 몸통의 외관이 꽤 그럴듯하다. 송천 맑은 계곡 물속에 숨어 있을 어름치를 상상하며 따뜻한 어묵 국물에 몸을 녹인다.

아우라지역 | 강원도 정선군 여량면 여량리 245-1 | 1544-7788 | 2008년부터 제천과 아우라지를 왕복하는 무궁화호가 1일 4회 정차하고 있다.

사랑, 강을 건너야만 하는 가장 큰 이유
– 아우라지 강

아우라지 뱃사공아 배 좀 건네주게

싸리골 올동백이 다 떨어진다

떨어진 동백은 낙엽에나 쌓이지

사시장철 임 그리워 나는 못 살겠네

모든 강은 사연을 지닌다. 강가에서 살아가는 이들의 희로애락이 그 강과 함께 하기 때문일 터. 양수陽水인 송천과 음수陰水인 골지천이 어우러진 강이라는 뜻의 아우라지 강에는 애틋한 청춘의 그리운 사연이 깃들어 있다. 동백꽃 다 지도록 강물이 불어 만나지 못하는 연인.
강을 건너야만 하는 백 가지 이유 중에서 가장 절실한 건 무엇일까? 과연 다른 모든 절실함을 압도하는 것은 사랑일까?
나의 지난 사랑을 되돌아보느라 오랫동안 강가를 떠날 수 없었다.

🚌 **아우라지** | 강원도 정선군 여량면 여량5리 | 033-562-4301 | 아우라지 강가에 놓인 섶다리를 건너 여송정 정자에 오르면 아우라지 처녀비가 세워져 있다.

'쌍화차를 곁들인
나전역 스타일 브런치
– 나전역

기차가 서지 않는 작은 간이역, 나전역사 안으로 들어가니 텅 비어 있다. 짐을 이고 진 사람들이 드나들던 이 공간을 차지한 건 격자무늬 햇살. 한쪽 벽면에 남겨진 정선역과 아우라지역으로 향하는 비둘기호의 시간표를 보며 북적이던 80년대를 상상한다.

나전역이 있는 지역은 '나전'이 아닌 북평면 북평리다. 나전이란 지역은 없고, 다만 '나전광업소'가 있었을 뿐이다. 무연탄 화물이 수시로 드나들던 80년대, 나전광업소는 북평보다 더 유명을 떨치던 이름이었으리. 흥성하던 나전광업소가 문을 닫은 뒤 북평은 급격히 쇠락하여, 이제 여행자들은 간이역만 둘러보고 발길을 돌린다.

레일바이크로 떠들썩한 정선 관광은 충분했다. 소란스러운 관광객들과 헤어진 나는 조용한 북평에 좀 더 머물고 싶어 역전 다방으로 들어선다. 문을 열고 실내를 다 둘러보기도 전에 나는 강렬한 후각에 사로잡히고 말았다. 연탄난로에 고구마를 굽는 냄새였다.

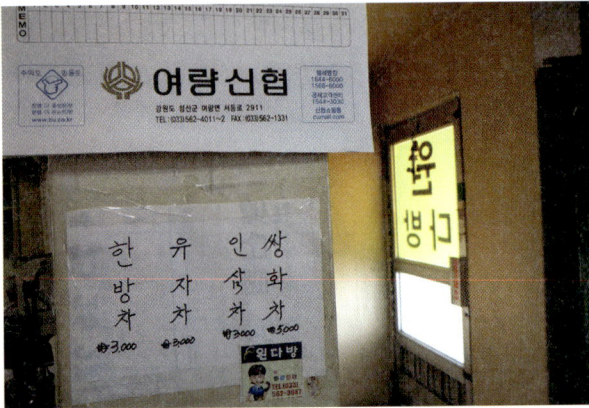

난로 옆으로 자리를 잡고 주문한다.

"계란 노른자 넣은 쌍화차 주세요."

꼭 이런 옛날 다방에서 먹어보고 싶은 메뉴였다.

시골 아낙네 같은 다방 마담이 반기며 군고구마를 건네준다. 기다렸다는 듯이 고구마를 받아 껍질을 까는 내가 신기한 듯 그의 어린 딸내미가 쳐다본다. 시크하게 윙크를 날려준다.

아주머니는 냉동실을 열어 일회용으로 포장된 쌍화차를 꺼내더니 냄비에 털어넣고 끓인다. 드디어 쌍화차가 아니면 그 어떤 차도 어울리지 않을 고동색 도자기잔이 탁자 위에 놓였다. 잣, 호두, 땅콩, 대추 알갱이들 사이에 비좁은 듯 끼어 있는 계란 노른자를 건져 한 입에 넣고 입 안에서 살짝 터트린다. 전혀 비린 맛이 나지 않는다.

쌍화차에 고구마를 곁들인 고단백 브런치. 이 각별한 스타일의 브런치는 나전역 아닌 다른 곳에서는 불가능하다.

그곳에 가면 얼굴이 달덩이처럼 환해진다
– 정선 5일장

사실은 어디론가 숨고 싶은 마음에 떠난 길이었다. 가족도, 친구도, 동료도 만날 수 없는 곳에 들어앉아 머릿속 회로들을 차단할 셈으로, 강원도 깊은 산골을 선택했다. 그러나 아침 일찍 레일바이크를 시작으로 하여 지금은 정선 시장 바닥을 쏘다니고 있다. 여행이 예상과 달라져 참 다행이다.

다리는 좀 뻐근하지만 눈 즐겁고 배까지 부르니 마음이 푸근해진다. 장터 예찬론자, 안도현 시인의 말이 맞다. 장터에서 우리는 둥그렇고 따뜻한 그 무엇을 나눈다.

아리랑 골목에서 나는 그 따뜻한 것이 정(情)이었음을 확인했다. 작은 세탁소, 옹색한 음식점, 옷 수선집의 벽이며 유리문에 씌어 있는 시(詩) 한 구절 한 구절이 나에게는 따뜻한 정이었다.

아리랑골목에 있는 긴옷수선집에 가면 내 키가 하늘만큼 높아진다.
아리랑골목에 있는 긴옷수선집에 가면 내 얼굴이 달덩이처럼 환해진다.

내 마음도 이미 달덩이처럼 환해졌다.

🚌 **정선 5일장** | 강원도 정선군 정선읍 봉양리 344-1 | 033-563-6200 | 2와 7로 끝나는 날이 장날이지만 상설 시장도 규모가 큰 편이다.

메밀전병

쌍화차 브런치에 입맛이 되살아났는지 자꾸만 입이 궁금하던 차에 정선 5일장 소식을 접하다. 그야말로 가는 날이 장날이었다. 시장 안에는 백운산, 두위봉, 병방산, 중봉, 비봉산, 백석봉, 매봉산에서 가져왔다는 나물들이 가게마다 넘쳐난다. 강원도 산골짜기를 통째로 옮겨온 듯 곰취, 황기, 영지, 산더덕, 곤드레…… 이름조차 생소한 나물들이 곱게 띠를 두르고 앉았다.

골목 안으로 들어갈수록 고소한 냄새가 짙어진다. 길게 늘어선 먹거리장터 골목을 들어서는 순간 커다란 솥뚜껑 위의 예술이 펼쳐진다. 메밀 반죽을 한 국자 퍼서 솥뚜껑 언저리부터 휘휘 돌리며 붓고, 고랭지 배추김치로 만든 속재료를 넣어 도르르 만다. 고소한 냄새 속에서 이 과정을 구경한 이라면 그 누구도 그냥 지날 수 없을 것이다.

🚌 **정선5일장** | 강원도 정선군 정선읍 봉양리 344-1 | 033-563-6200 | 2와 7로 끝나는 날이 장날이지만 상설 시장도 규모가 큰 편이다.

수리취떡

인스턴트 음식에 길이 든 입맛이긴 하나, 나는 자연 재료의 맛을 기억하고 있을 뿐만 아니라 그리워하기도 한다. 특히 떡이나 밥에 풀 종류를 넣는 올드한 유형도 나름 소화할 수 있다. 봄쑥을 으깨어 넣은 인절미는 별나게 좋아하는 종류다. 정선장터에서 처음 만난 것은 수리취떡이다. 수리취는 잎이 작은 나물인데 그 중에 어린잎을 푹 삶으면 색이 더 진해진다고 한다. 열 시간 이상 불린 멥쌀에 초록 나물을 넣고 빻아서 시루에 찌면 수리취떡이 된다. 들판의 초록을 담은 떡 한 입 깨무니 향긋한 풀 냄새가 입 안 가득 퍼져 오래 동안 풀밭에 누워있는 느낌이다. 이틀 사흘이 지나도 굳지 않는다고 하여 한 꾸러미를 더 샀다.

🚌 **먹거리장터** | 5일장 안에 메밀전병, 콧등치기국수, 올챙이국수, 수수부꾸미 등을 파는 상점이 모여 있는 거리가 있다. 수리취떡은 아리아리떡사랑에서 택배 주문도 받는다. | 033-562-9009

하늘을 걷는 길, 스카이워크
- 병방치 전망대

병방치 전망대에 오른다는 것은 혼자만의 여행에서 망설여지는 일이다. U자로 굽이치는 조양강의 강바닥을 수직으로 내려다볼 수 있는 투명 유리 위로 첫 발을 내디딜 때 떨리는 나를 토닥여줄 사람이 아무도 없음을 느끼게 되는 탓이다.

고작 몇 미터에 불과하지만 간신히 난간을 붙잡고 산허리를 360도 휘감아 도는 강을 내려다볼 때 나를 흥분시킨 것은 자연이 아니라 유리전망대였다. 마치 두 발이 허공에 떠 있는 듯한 짜릿함에 다른 모든 감각이 묶여버렸다.

5시 30분. 병방치 관리직원들이 퇴근을 서두른다.

혼자 남아 노을이 지기를 기다렸다. 노을 풍경은 언제 어디서 찍어도 질리지 않는다. 매번 색깔도 느낌도 다르기 때문이다. 소행성 B612호에 사는 어린왕자처럼 하루에 마흔세 번 노을을 감상하고 싶다. 내가 앉은 의자를 조금씩 서쪽으로 옮기기만 하면 되는 행성이 필요하다.

노을이 곱게 물드는 순간 갑자기 카메라를 든 사람이 나타났다. 모 신문사 기자라고 자신을 소개한 그는 1/60초의 타임으로 절정의 순간을 몇 십 컷 찍어대더니 슥 사라진다.

아, 어린왕자가 되어 노을을 기다리던 나를 머쓱하게 만드는 순간이다. 그는 진정한 프로이고, 나는 감상에서 벗어나지 못한 아마추어란 말인가.

그러나 그 프로가 보지 못한 것, 찍지 못한 것, 모르는 것이 있지. 노을은 해가 산 너머로 꼴딱 넘어간 뒤에도 오랫동안 붉게 타오른다는 것을.

병방치전망대 | 강원도 정선군 정선읍 북실리 산105 | www.ariihills.co.kr | 스카이워크 외에 짚와이어, 전망대 등을 갖추고 있다. 짚와이어는 300m가 넘는 높이에서 1.1km를 내달린다. 가장 빠른 속도일 때는 110km/h가 나온다고 하여 익스트림스포츠를 즐기는 사람들은 환호한다.

안……녕, 안……녕, 안‥녕
안녕 안녕안녕안녕…….

기다리지 않으면 볼 수 없다.
달빛의 배웅을 받으면서 이어지는 노을의 길고 긴 인사를.

가평

현실과 환상의 경계를 거닐다

아침고요수목원

'
도심에서 숲으로
텔레포트하다

休. 사람 옆에 나무가 있는 글자, 쉴 휴.

휴식, 휴가, 휴일, 휴게소…… 내가 좋아하는 낱말들. 옛사람들은 나무그늘 아래에 '쉼'이 있다고 본 것이다. 당연히 그것은 보편적 진리임에 틀림없다. 뜨거운 햇볕 아래 농사일이 힘에 부칠 때 나무그늘로 들어가 쉬는 영상을 떠올리는 것만으로도 시원하다. 이보다 더 달콤한 휴식이 있을까.

농부도 아닌데 숲이 익숙하고 편하다. 그 안에서 나는 최대한 게으른 모드로 머릿속 나사 몇 개쯤 풀어놓고 시간을 흘려보낼 수 있다. 아니, 그런 시간이 허용된다.

관심이 있어야 지혜가 생기는 법.

짬이 날 때 잠시 숲으로 순간이동하는 법을 알아냈다.

주말 오후, 용산역에서 출발하는 청춘열차(ITX)를 잡아탄 뒤 가평역에 내린다. 33-5번 버스를 타고 15분 뒤에 남이섬 정류장에 내린다. 다른 방법도 있다. 인사동이나 잠실에서 출발하여 남이섬까지 모셔다주는 셔틀버스를 예약하면 된다. 소요 시간은 한 시간 반 정도. 여행이라 하기도 멋쩍다. 그러나! 남이섬은 춘천에 있다. 춘천이 어떤 곳인가. MT, 기차, 낭만, 그리고 사랑의 추억이 숨 쉬는 곳이 아닌가. 춘천행 기차에 오른다는 것은 영원히 여행이다.

남이섬 | 강원도 춘천시 남산면 방하리 198 | 031-580-8114 | www.namisum.com

내 안의 또 다른 나에 도전하기
– 하늘길 짚와이어

연인들의 섬이라 했던가. 둘러보니 주변은 풋풋한 이십대 초반의 커플들이다. 사랑에 빠진 모든 사람은 아름답지만 젊은 청춘들의 사랑은 부럽지 않을 수 없다. 그들 사이에 끼어 돌아다닐 것을 생각하니 좀 어색하고 멋쩍기도 하다. 그러나 불편하지는 않다. 혼자 돌아다니고 밥 먹고 숙소에 드는 게 부끄러워 남의 눈치를 보는 건 오래 전 얘기다.

남들의 시선을 의식하기는커녕 오히려 평소보다 대담해지는 나를 느낀다. 모르는 길도 가보고, 모래사장에 누워 잠도 자고, 인상 좋은 어르신이 따라주는 막걸리도 받아먹는다.

'자유롭고 싶다면 혼자서 떠나라.'

모든 여행가들이 한목소리로 외치는 바, 여행의 진리라 할 수 있다. 친한 사람과 여행을 가면 외롭지는 않지만 '그가 알고 있는 나'로부터 벗어날 수 없다. 나를 아는 이가 없을 때, 낯선 곳에 혼자 있을 때 묘한 쾌감을 동반한 자유를 느낀다. 그 순간 나는 이제까지 한 번도 해보지 않은 새로운 시도를 감행한다. 도전하는 자신을 확인함으로써 비로소 내 안에 숨겨진 또 다른 나를 만난다.

이번 여행에서는 섬에 들어가기도 전에 그 용기를 시험받았다. 바로 높이 80미터의 타워에서 짚와이어(나무와 나무, 계곡과 계곡을 와이어로 연결한 뒤 도르래를 타고 활강하는 시설)를 타고 남이섬으로 진입하는 것이다. 타워에서 남이섬까지 940미터 거리를 시속 60~80킬로미터의 속력으로 단번에 건너기. 안타깝게도 겁 많은 내가 아파트 25층 높이에서 줄 하나에 매달려 강을 건넜다는 사실을 증명해줄 지인知人은 없다.

그러나 없으니까 하는 거다. 곁에 동행이 있었으면 나는 고민 없이 배를 탔을 것이다.

"하나, 둘, 셋, 출발!"

강바닥을 향해 추락하는 듯한 공포의 감각과 거의 동시에 하늘을 날아오르는 짜릿한 쾌감이 온몸을 휘감았다. 공중으로 난 길을 따라 전속력으로 내달릴 때 정신은 육체에 내맡겨졌다.

짚와이어에 도전하는 것과 자기 발견이 무슨 관계인가를 따져보는 것은 어리석다.

짚와이어 | 031-582-8091 | 요금: 38,000원(입장료와 돌아오는 배편 이용료 포함) | 이용시간: 09:00~19:00

'
대한민국 안에 숨은
작은 섬나라를 아시나요?
– 남이나라 공화국

우리는 나라를 세웁니다.
노래의 섬 남이섬에
동화나라를 세웁니다.

동화가 되고
동화가 되어
동화를 그리며
동화처럼 살아가는
세계를 남이섬에 만듭니다.

짚와이어를 타고 건너오자 이국땅이다.

'이 세상에 하나뿐인 대한민국 속의 꼬마나라'라는 남이나라 공화국. 가평 출입국관리소에서 짚와이어라는 비행기를 타고 판타지 세계로 들어온 것 같다. 스페인의 어린이 공화국 벤포스타 Bemposta가 떠오른다. 아이들이 직접 통치에 참여하는 자치국가로, 사실 자유롭고 평등한 삶을 가르치기 위해 한 신부가 만든 교육 공동체다.

나미나라 공화국은 벤포스타와는 달리 문화관광국이다. 강과 산책길을 가지고 있을 뿐인 손바닥만 한 섬이지만 문화관광객의 유치 파워는 생각보다 강력해서 대한민국 국민은 물론 매년 일본, 중국 등에서 수십만의 손님을 맞는다. 물론 가장 막강한 홍보대사는 두 말 할 것도 없이 〈겨울연가〉의 '준상(배용준)'이었겠지만.

실제로 관광청(관광안내소)에 갔더니, 나미나라공화국에서 발급하는 단기여권이며 국민여권을 판매하고 있다. 또한 공화국의 상징인 달과 별이 찍힌 화폐 남이통보로 환전하도록 되어 있다. 제주도라면 어울리지 않는 재밌는 발상이다. 천천히 걸어도 한나절이면 다 돌아볼 수 있는 작은 섬이기에 더 유쾌하다. 신기한 동화나라를 찾은 여행객이 된 나는 어느새 기대에 부푼다.

사랑에 빠진 모든 사람은
드라마의 주인공이다
- 메타세쿼이아 길

관광청에서 환전을 하고 강바람을 쐬고 싶어 강변산책길로 향한다. 이 섬에서 내가 가야 할 목적지는 따로 없으니 안내지도는 일부러 보지 않는다. 길은 어디로든 이어지고, 그 길을 따라 숲 향기도 맡고 사람 구경도 하고 예술작품 감상도 할 셈이다. 그게 남이섬의 매력일 테니까.

자작나무 숲을 지나 메타세쿼이아 가로수길로 들어선다. 하늘을 찌를 듯이 키 큰 나무들이 나란한 이 길이 무척 낯익다. 꽤 자주 와본 듯한 이 기시감은…… 아, 드라마와 영화에서 본 배경이었구나.

연인들이 사진을 찍고 방금 떠난 자리, 그 나무 기둥에 나도 기대어본다. 카메라 말고 핸드폰을 열어 셀카를 한 장 찍는다. 언젠가 남이섬에 왔던 오늘을 떠올릴 때 꺼내보게 될 사진 한 장을 위해.

사랑의 기운이 넘치는 가로수길을 지나 작은 연못 다리를 건너자, 쌍쌍 커플들이 몰려 있다. 궁금해서 다가가자 이곳은 바로 준상과 유진의 첫 키스 장소.

사랑에 빠진 이는 모두 주인공이다. 저들은 곧 자기 드라마의 준상이고 유진이다. 〈겨울연가〉처럼 드라마틱하진 않을지 몰라도 분명 자기 인생에 중요한 순간으로 남을 '사랑'을 나누고 있다. 사랑에 관한 한 조연은 없다.

그래서일까. 발길 닿는 곳마다 사랑에 빠진 숱한 연인들의 흔적, '♥' 또는 'LOVE'를 만난다. 선착장에도, 첫 키스 장소에 놓인 눈사람 인형에도, 일러스트 전시회 구석에 마련된 대형 도화지 위에도 예외가 없다. 당사자들을 제외한 모든 사람들에게는 낙서일 뿐인 사랑의 맹세…….

재채기와 사랑은 감출 수 없다더니, 자기 사랑을 노출하고 싶은 욕망을 어쩌겠는가. 이 섬에서만큼은 저들의 자랑질이 귀엽다.

' 침대가 있는 갤러리
   – 정관루

남이섬이 아닌 남이나라 공화국에 왔다는 마음으로 산책하다 보니, 과연 이곳은 상상과 예술의 문화관광국이다. 주제별로 노래박물관이나 전시관들이 나타나더니 다양한 야외 공연장이 보인다. 예술의 향연이 펼쳐진다.

도예작가들의 작품이 전시된 공예원, 어린이책 2만 권이 비치되어 있다는 도서관이 보인다. 어느새 산책길은 야외 일러스트 전시회장이 되어 있다. 자연스럽게 나는 관람객이 되어 이채로운 상상의 세계로 빨려든다.

코끼리 안에 사람과 집이 있는 그림을 지나 어릿광대와 새가 날아가는 그림으로 상상이 옮겨가던 그때, 갑자기 그림 뒤에서 까만 청둥오리가 튀어나온다. 애니메이션과 실사를 합성한 영화세계인 것처럼 얼떨떨하다.

아하, 나미나라 공화국에서는 다람쥐, 오리, 토끼 같은 작은 동물들이 울타리 없이 살고 있다지.

나를 무서워하지 않고 못 본 척 유유히 지나가는 청둥오리가 고맙다.

저녁이 내린다. 남한강의 새벽 물안개를 보기 위해 섬 안에서 잠을 자기로 했다. 어둡기 전에 나미나라 공화국의 국립호텔인 정관루靜觀樓로 들어선다. '정관靜觀'이라니, 심오한 이름이다. '대상에 관여하지 않고 조용히 지켜본다', 철학적으로는 '무상한 현상계 속에 있는 불변의 본체적이고 이념적인 것을 심안心眼에 비추어 바라보는' 곳이란 말이지.

예약해둔 방으로 들어서자 '정관'에 내포된 의미가 명확해진다. 벽에 피아노 그림이 걸린 이 방은 마치 침대가 있는 갤러리 같다. 그러니까 화가의 작품으로 인테리어된 객실이다. 작가의 예술세계를 음미할 셈으로 케케묵은 심안을 소환해보지만 잘 '해석'되지 않는다.

작품을 해석하라고 그림을 걸어놓은 것은 아니리라. 파랑, 노랑, 빨강 등의 화사한 색감 속에서 부드러운 피아노 선율을 상상하며 잠들기를 바라는 작가의 따뜻한 '마음'일 것이다. 그야말로 오랜만에 가져보는 정관적 시선이다.

이곳 정관루의 객실은 모두 개성이 다른 작가들의 작품으로 인테리어되었다는 사실을 나중에서야 알게 되었다. 그리고 보니 로비의 타일 공예, 재활용 유리병으로 제작된 샹들리에도 왠지 특별한 작품처럼 보인다. 예술의 기운 속에서 재충전된 아침, 지금까지와는 달리 격조 있는 아침이었다.

정관루 | 031-580-8000 | www.namihotel.com | 2인실부터 14인실까지 77,000~380,000원

춘천의 세트 메뉴, 닭갈비와 막국수

남이섬 앞에는 닭갈비집들이 원조 경쟁을 벌이고 있다. 이곳에 오면 사람들은 뭘 먹을까 고민하지 않는다. 당연히 닭갈비를 먹으러 왔으니까.

할머니 손맛으로 양념된 닭갈비는 푸짐하다. 버섯과 감자, 떡이 가득 나오기 때문에 '모둠 사리'는 추가할 필요가 없다. 닭갈비를 잔뜩 먹었지만 막국수를 포기할 수는 없다. 그래서 춘천이 자랑하는 두 가지 음식은 늘 세트 메뉴가 된다. 아무렇게나 '막' 갈아 국수를 내려서 막국수라는데, 먹어보니 '막' 먹을 수 없는 '원조'의 맛이다.

남향식당 | 경기도 가평군 가평읍 달전 1리 130(남이섬 제 2주차장) | 031-583-4175 | 닭갈비 1인분 10,000원, 막국수 5,000원

추억의 옛날도시락

모두가 추억을 이야기하는 공간이다 보니 덩달아 '추억의 도시락'이 인기다. 옛날 양은 도시락에 볶은 김치와 계란프라이를 올린 1970년대 추억맛이다. '나미나라'라는 명칭이 생기기 훨씬 전부터 도시락을 파는 집으로 유명하다. 엄마가 싸준 정성이 생각나고, 누군가를 위해 서툰 솜씨로 준비했던 마음을 떠올리게 하는 딱 평균적인 맛이다.

하지만 음식의 맛이 어찌 순수한 음식 자체의 맛으로 먹게 되던가. 누구와 함께 먹는가, 어떤 곳에서 먹는가도 중요하다. 남이섬 전체가 옛 기억을 아름답게 떠올리라고 동화같은 마법을 걸고 있으니 혼자 앉아 도시락을 요란하게 흔드는 행위 중에도 미소가 번진다. 수학여행 온 까까머리 중학생 무리 속에서 먹어도 소외감 느끼지 않는다.

옛날도시락 | 강원도 춘천시 남산면 방하리 198번지 | 031-582-2550

잃어버린 낙원을 찾아서
– 아침고요수목원

어찌된 일인지 모르겠다. 단지 섬에서 하루를 보냈을 뿐이다. 그런데 나는 어제의 내가 아니다. 내 안에 어떤 흔들림이 있었고, 균열이 있었고, 그리하여 내 몸은 서울 반대 방향으로 이끌려 가고 있다.
대성리 안쪽 축령산 기슭에 있는 정원을 제 발로 찾아들어가면서도 이해할 수 없다.

무슨 변화가 있었는지 하는 생각을 거두기로 했다. 살다 보면 팔다리가 머리를 이끄는 때를 만나기도 하니까.

거의 아무도 없는 정원을 걷는다. 정원이라기에는 방대한 규모를 자랑하는 이곳은 수목원이라고 불리지만, 식물을 관찰하거나 연구할 목적이 없는 나에게 이 공간은 단지 넓고 아름다운 정원일 뿐이다. 다행히 이름이 축령 수목원도 아니고 대성리 수목원이 아닌, 아침고요수목원이어서 시설이라는 느낌은 덜하다. 이 수목원을 세운 원예학 교수는 식물 수집, 보전, 연구뿐만 아니라 사람들의 휴식과 안정에 기여하고자 한다니 정원이라 불러 마땅하다.

문득 이 정원은 에덴의 오마주이자
신을 향한 제의祭儀라는 생각이 스친다.
그만큼 아름답다.
인간은 정원을 만드는 존재가 아니다.
다만 신의 공간을 꾸며주는 정원사일 뿐이다.

각각의 테마에 따라 20개의 정원은 언덕 이곳저곳에 퍼져 있어 한눈에 조망이 안 된다. 길을 따라가며 감상해야 한다. 아담과 하와가 잃어버린 낙원. 영원히 돌아갈 수 없는 에덴이 이러했을까. 신은 낙원을 그리는 인간의 이 원초적 그리움을 알까.

하경전망대를 향하는 건널목에서 발견한 돌탑들은 지금까지의 생각을 확인이라도 해주는 듯했다. 계곡물이 흘러내리는 일대는 온통 돌들을 주워다 쌓은 작은 탑, 탑, 탑……. 한 사람당 한 가지의 지극한 기원이 첩첩이 쌓인 돌탑의 정원에서 나는 다시 한 번 신을 느낀다.

그 신이 이 세상에 더 많은 정원사를 인도해주기를 소원한다. 그리하여 인간 스스로 평화로운 세상을 만들 수 있기를…….

아침고요수목원 | 경기도 가평군 상면 행현리 산256 | 1544-6703 | www.morningcalm.co.kr | 입장료 : 8,000원 | 이용시간 : 0830~일몰, 연중무휴

˒어떤 여행은 현실과 환상의 경계에 있다
— 쁘띠프랑스

감각의 향연을 즐기던 중 이번 여행의 마지막 행선지가 떠올랐다. 이곳에서 멀지 않은 곳에 동화 속 같은 마을이 있다는 사실을 깨달은 것이다.
한국 안의 작은 프랑스, 쁘띠프랑스.
아무래도 이번 여행길은 동화와 판타지의 세계로 열린 길인 모양이다. 그 판타지 모험은 타잔처럼 짚와이어를 타고 나미나라 공화국에 입성할 때부터 시작되었는지도 모른다.

쁘띠프랑스에 들어서자 고풍스러운 프랑스 전통주택들이 멋스럽다. 마치 유럽의 조용한 시골마을에 온 듯한 착각과 함께 여러 번 와본 것처럼 낯익다. 리플릿을 보고서야 이곳 또한 드라마 촬영지로 방송에 여러 번 소개되었음을 알게 된다. 처음 가보는 여행지인데 사실 TV로 자주 보았던 곳이었다니, 왠지 섭섭하다.

물론 마리오네트의 발레 공연 같은 건 처음 본다. 발레가 끝나자 가수 마리오네트가 노래를 하고, 서커스단이 등장하여 화려한 재주를 부린다. 줄에 매달려 움직일 뿐인데 마리오네트는 살아 있는 존재 같다. 마리오네트가 객석 사이로 돌아다니며 춤을 춘다. 나에게 다가온 마리오네트를 향해 손을 내민다. 손바닥에 닿는 작고 딱딱한 인형의 손가락을 느끼며 동화 속 피노키오를 떠올린다. 제페토 할아버지처럼 영혼을 불어넣어 주고 싶다.

고풍스럽고 화려하고 섬세한 프랑스의 문화를 보여주는 전시관, 오르골하우스, 골동품들을 구경하다가 생텍쥐페리 기념관으로 향한다. 생 텍쥐페리가 직접 그린 《어린왕자》의 삽화들을 구경한다. 노란 목도리를 휘날리는 소년이 그립다. 순전히 《어린왕자》를 읽은 감동의 여파였겠으나, 행방불명으로 종적을 감춘 생 텍쥐페리는 오랫동안 내게 신비로 남아 있었다. 비행기를 몰고 어린왕자의 행성 B612로 돌아간 건 아닐까. 그의 죽음을 영원한 루머로 남기고 싶었다.

쁘띠프랑스를 나오자 하늘은 붉은 빛으로 물들었다. 문득 이곳이 어디인지 알 수가 없었다. 어디로 가야 하나…… 누구를 찾아가야 하나…… 한참 동안 서 있었다.

어떤 여행은 현실과 환상의 경계에 있다.

쁘띠프랑스 | 경기도 가평군 청평면 고성리 616번지 | 031-584-8200 | www.pfcamp.com |
이용료: 8,000원

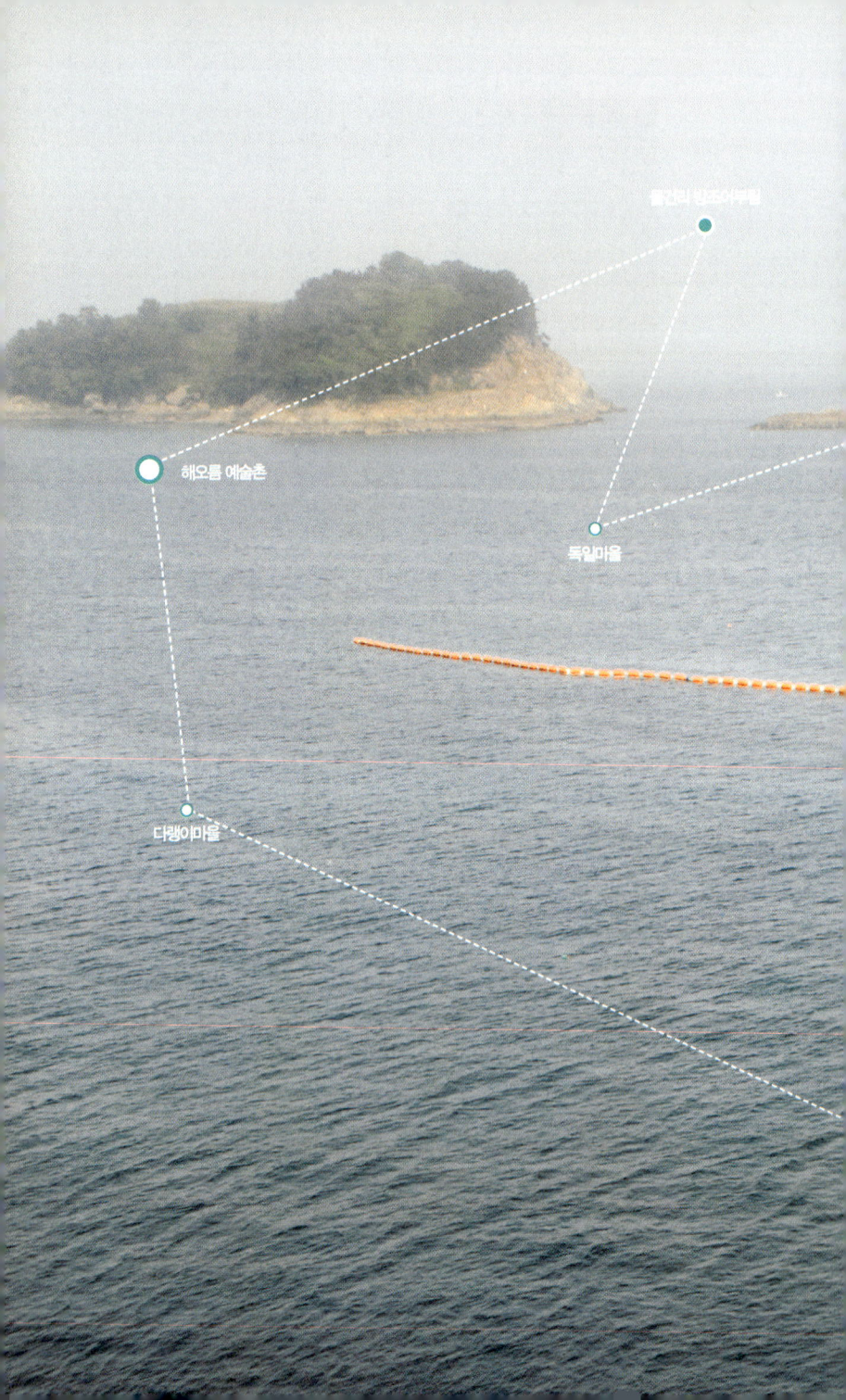

남해

성찰 없이는 통과할 수 없는
남쪽 바닷길

금산 보리암

’ 어느 것 한 가진들 실어 안 오리

육지를 떠나 섬으로 들어가는 길. 창선-삼천포대교를 지나고 있다. 이제는 뱃길 아닌 자동차로 몇 분만 달리면 건널 수 있는 섬, 남해南海.
굳이 남해라야만 하는 이유 따윈 없었다. 그저 육지스러운 도시의 생활이 갑갑했기에 본능적으로 바다로 열려 있는 곳을 찾았을 뿐이다. 그럼에도 불구하고 하필 이곳이었을까. 남해, 남해…….
창밖의 푸른색이 시야에 꽉 들어차는 순간 내가 '남해'라는 지명地名에 불려 왔음을 깨닫는다. 이름 속에 이미 넓은 바다를 품은 마을. 같은 바다를 공유하고 있는 통영, 거제, 여수가 아닌 남해를 와야 했던 것은 남쪽 바다를 통째로 가져버린 고장이기 때문이리라.
봄날의 남해만큼 촉촉하고 부드러운 곳이 있을까. 이제 이곳에 봄을 알리는 훈풍이 불어올 것이다. 춥고 메마른 육지의 도시에서 달려온 여행자는 그 훈풍에 샤워를 해야겠다. 도시의 찌든 때와 각질을 벗겨내고 수분을 채워 넣어야겠다.

"아, 꽃피는 사월이면 진달래 향기, 밀 익은 오월이면 보리 내음새. 어느 것 한 가진들 실어 안 오리. 남촌서 남풍 불 때 나는 좋대나~"
입술에서 옛 노랫가락이 절로 새어나온다.

죽방렴에서 김홍도를 만나다
— 창선도 지족해변

창선도의 죽방렴竹防簾. 사천에서 다리를 건너 가장 먼저 만난 풍경이다. 잔잔히 빛나는 바다 위로 싸리문처럼 삐죽삐죽 엮어놓은 모양에 바닷가 마을의 낭만이 물씬하다. 몸에 밴 습관으로 카메라를 꺼낸다. 줌인……. 카메라에서 더 이상 먼 풍경을 끌어당기는 건 무리라는 신호를 보낸다. 그렇다면 두 발로 걸어 들어가는 줌인…….
해풍에 머리카락이 날리고 윙윙, 바람소리가 내 몸을 울린다. 죽방렴을 눈 아래 굽어볼 수 있는 곳까지 와보니 멀리서 보았을 때의 이색적인 운치는 간 데 없고 녹슨 철재와 초록색 어망이 대나무 울타리를 대신하고 있다.
내가 상상한 죽방렴은 참나무 말뚝을 V자 모양으로 박고 대나무 발로 울타리를 친 고전적인 것이었다. 말하자면 팔딱이는 은빛 멸치 떼가 밀물에 밀려 죽방 안으로 쏟아져 들어오는 그림 같은 풍경을 기대했던 것이다.

시대착오적인 나의 순진무구한 기대는 언젠가 보았던 김홍도의 그림 〈어살〉의 기억 때문일 것이다. 낮은 바다 위에 구불구불하게 둘러친 죽방, 그 안에서 어부들이 울타리 너머로 물고기 바구니를 넘겨주고, 그걸 받아든 나룻배의 어부들이 항아리 안에 물고기를 채우는 풍경…….

21세기에서 18세기로 훌쩍 건너뛴 나의 순진한 낭만을 들킬 새라 얼른 시선을 돌린다. 띄엄띄엄 설치된 죽방렴 사이로 그물을 드리운 작은 어선들이 보인다. 다리 밑에서 물살을 가르고 있는 어부도 보인다.
몇백 년의 시간을 거슬러 원시적인 어업 방식을 고수한 그들의 삶은 여전히 '고전적인 풍경'을 만든다.

일하는 어부의 등 뒤로는 해변가의 소담한 집들. 집집마다 불빛이 어룽어룽한 그 배경 때문에 어부는 전혀 외로워 보이지 않는다. 일을 끝마친 그는 저 집들 중 어느 집으로 돌아갈 것이므로.

도시에서 온 여행자는 여수旅愁에 빠진다.

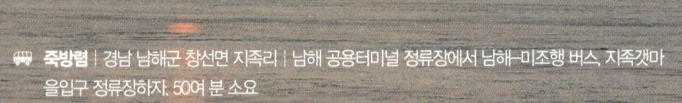

🚌 **죽방렴** | 경남 남해군 창선면 지족리 | 남해 공용터미널 정류장에서 남해-미조행 버스, 지족갯마을입구 정류장하차, 50여 분 소요

멸치와 금치의 차이

남해, 특히 지족해협을 지나기 전 꼭 먹어봐야 하는 남해 음식이 있다. 물이 맑고 빠른 물살에 헤엄치느라 이곳에서 생산되는 수산물은 담백하고 쫄깃하다. 더욱이 죽방렴 멸치는 그물로 잡은 멸치에 비해 손상이 없어 보존도나 신선도가 높다. 이른바 '금치'라 불릴 만큼 일반 멸치보다 몇 배나 비싼 귀족 멸치다.

그 귀한 멸치를 통째로 먹는 요리가 멸치 쌈밥이다. 이른 봄, 남해의 해풍을 맞고 자란 고사리와 양파 등을 켜켜이 깔고 그 위에 멸치를 올리고, 고춧가루 양념장을 넣어 보글보글 끓인다. 조린 이 금치를 쌈에 싸서 꼭꼭 씹으면 그제야 비로소 멸치의 진정한 맛을 느끼게 된다.

우리식당에서는 나무 그릇에 듬뿍 담겨 나오는 숭늉까지 덤으로 먹을 수 있다. 멸치 쌈밥은 1인분에 8,000원. 갈치구이나 찌개를 선택할 수도 있다.

우리식당 | 경남 남해군 삼동면 지족리 288-7 | 055-867-0074

’그리움으로 지은 집
− 물건리 독일마을

붉은색 뾰족 지붕, 하얀색 벽, 작은 창문들, 울타리가 있는 작은 정원……
망망한 남해 바다가 한눈에 내려다보이는 물건리 언덕, 독일마을을 찾아가보기로 했다. 입소문 때문에 이미 관광지나 다름없이 된 독일마을은 멀리서 보아도 이국적이다. 그러나 나는 유럽식 주택에 대한 호기심 때문이라기보다는 그 집에서 살아가는 이들을 보고 싶었다. 40여 년 만에 독일에서 고국으로 돌아온 한국인들, 아니 독일인이라 해야 할까. 그들이 한국에서 살았던 세월보다 훨씬 더 긴 시간 동안 독일어로 말하고 독일 음식을 먹으면서 살았을, 그래서 이제는 한국어마저 낯설어졌을지도 모를 그들의 일상이 궁금했다.

1960년대, 돈을 벌기 위해 광부로 간호사로 떠난 청춘들. 이제는 허리 굽은 '교포' 노인이 되어 이곳에 모여산다. 마을 골목에서 서성거리다 보면 혹시라도 바람 쐬러 나온 그들과 인사를 나누게 되지 않을까. 그곳에서 얼마나 외로웠나요? 차마 물어볼 수 없는 말 대신 안녕하세요? 집이 멋지네요, 인사말이라도 나누고 싶었다.

결국 인간의 고통은 큰 것 아래 작은 것이라는데, 어쩌면 누군가의 더 큰 외로움으로부터 나의 외로움을 상쇄하고 싶었던 것일까. 그들의 눈빛이나 눈가 주름살에 새겨져 있을 그 삶의 무게로부터 위로받고 싶었던 것일까.

구경꾼들의 호기심 어린 눈빛을 피해 어디론가 피신했는지 34채의 독일식 주택을 둘러보는 동안 거주자로 보이는 이는 아무도 없었다. 아무래도 10월 무렵 이곳에서 남해판 '옥토버페스티벌'이 열린다니 그때나 다시 찾아야 할 듯하다.

독일마을 | 경남 남해군 삼동면 물건리 1074-2 | http://남해독일마을.com | 관람시간의 제한은 없으나 일몰 후에는 방문을 자제할 것

'이상한 나라의 숲속

— 물건리 방조어부림 防潮魚付林

독일마을 아래, 초승달을 닮은 바다가 보인다.
그리고 해변을 따라 몽실몽실 브로콜리 같은 방풍림이 1500미터 길이로 피어 있다. 물건리 방조어부림. 숲 자체가 천연기념물로 지정되어 있다는 이 숲은 상수리나무, 느티나무 등의 잎 넓은 수종이 뒤섞여 300년 동안 해일이나 소금 바람으로부터 마을과 농작물을 지켜왔다 한다. 뿐만 아니라 물고기 떼를 유인하는 어부림魚付林의 역할까지 한다.

숲 중간, 마을을 향해 서 있는 아름드리 이팝나무 밑 평상에 누워본다. 어촌 주민들의 무사안녕을 위해 지금도 제를 올린다는 이 당산나무를 가만히 올려다본다. 이 나무가, 아니 이 숲이 나를 보호해주는 듯한 안온한 느낌이다. 엄마의 품처럼. 문득 오랜 외로움과 그리움을 안고 살아온 광부와 간호사들은 이 숲에서 포근한 안식을 받으리라는 생각이 든다.

어찌하여 그들이 남해에 정착하게 되었는지는 모르겠으나, 저 탁 트인 바다를 보며 서러움을 씻고 울창한 숲의 아늑함 속에서 단잠을 꾸지 않을까.

나무들 사이사이로 붉은빛 석양이 낮게 깔린다. 풀숲 사이로 나 있는 좁은 길을 따라 깊숙이 걸어 들어간다. 째깍째깍, 어디선가 시계 소리가 들린다. 잠잠한 가운데 양복을 입은 하얀 토끼가 도망간다. 이 숲 어딘가에 마법의 문이 있어 이상한 나라로 떨어질 것 같다. 마을 뒷산으로 해가 넘어가는 동안 나는 동화 속 소녀처럼 계속 두리번거린다.

물건리 방조어부림 | 경남 남해군 삼동면 물건리 | 관람료는 무료
남해 요트학교 | 경남 남해군 삼동면 물건리 484-9번지 | 065-867-2977 | http://yacht.namhae.go.kr | 일반인들도 신청만 하면 누구나 타볼 수 있고 배울 수도 있다. 해오름예술촌에 있던 막사도라커피집이 최근에 요트학교 근처로 이전했다.

자연보다 더 아름다운 예술은 없다
– 해오름예술촌

물건리를 바로 떠나지 못하고 수상해 보이는 학교 건물로 들어섰다. 정확히 말하자면 더 이상 학교의 기능이 정지된 폐교를 되살려 예술촌으로 꾸민 공간이다. 이름하여 도자기나 칠보공예 작품의 전시공간이자 체험공간인 '해오름예술촌'.

각각 특색 있는 공간으로 꾸며놓은 교실들을 둘러본다. 1층 복도 끝 교실에는 도자기와 칠보공예로 가득한 게, 칠보공예품들을 보는 동안 유리알처럼 투명한 아이들의 웃음소리가 들리는 듯하다. 삐뚤빼뚤 무심한 듯한 솜씨지만 오히려 장인들의 솜씨에서 엿볼 수 없는 예술성이 느껴진다. 아마도 아이들 특유의 순수함과 자연스러움 때문일 것 같다. 인간의 예술 활동은 결국 자연의 모방이니까. 자연을 흉내 내기에 가장 좋은 기술은 바로 무위자연 無爲自然의 삶일 테니까.

내게 바다 같은 평화!
- 다랭이 마을

45도 경사진 삶의 풍경, 바다로 끝없이 이어진 계단식 논은
108개 층층계단, 680여 개가 펼쳐져 있다. 마을을 벗어난 높은 곳이 아니면
한눈에 경관을 잡을 수 없을 만큼 구불구불 이어져 있다.
참지 못하고 아름답다는 감탄사를 내뱉고 만다.
벼 심을 손바닥만 한 땅이라도 늘리기 위한 생존의 현장을
아름답다고 표현하다니 면구스러운 일이다.
차라리 가슴 뭉클하게 하는 애잔한 감동이다.

바다를 뺀 남해의 대표적인 관광지는 바로 홍현리 가천 다랭이 마을이다. 온갖 매체에서 홍보한 덕분에 남해에 와보지 않은 사람들에게도 여기 다랭이 논은 낯익은 풍경일 것이다.

밤늦은 시간이었지만 다랭이 마을에서 하룻밤 묵어가기로 결심했다. 골목 어귀로 들어서자 다행히도 한 무리로 모여 있는 주민들을 만났다. 며칠 전 동네 잔치에서 남은 비용을 정산하는 중이란다.

막걸리가 몇 순배 돌고 있는 자리에 넉살좋게 끼어들어 막걸리잔을 받는다. 어디서 왔느냐, 며칠 묵을 거냐는 질문 따윈 없다. 여행 온 도회지 사람들이 썰물 빠져나가듯 나간 일요일, 밤늦게 나타난 손님을 누구네 집으로 보낼지 의논이다. 서로 이웃집을 추천하다 결국 슈퍼 아랫집이 당첨된다.

낮은 담벼락 집 대문을 열고 들어서니, 어제 따온 미역줄기가 알맞게 익으며 마당 안에 소금냄새, 파도냄새를 채워놓았다. 작은 방에 가 누우니 누룩 익는 냄새가 솔솔 풍겨온다. 방금 얻어 마신 막걸리 때문인지 낯선 냄새에도 쉽게 긴장을 늦추고 만다.

정겹고 아늑하다. 내가 어디에서 왔는지조차 까마득하다.

다랭이마을 | 경남 남해군 남면 홍현리 895 | 010-9809-2660 | http://darangyi.go2vil.org

모처럼 핸드폰 알람 소리 없이 일어난 아침이다.
깊은 바다 속에서 둥실둥실 떠올라 밝은 수면 위로 솟아오르듯 눈을 떴다.
나를 깨운 건 창밖에서 지저귀는 새소리,
그리고 들판 한켠에 풀어놓은
이놈의 울음소리였다!

씻지 않은 맨얼굴로 골목 산책을 나선다. 겨울 철새 가마우지, 쟁기질하는 소, 벼 베는 사람들, 노란 치자꽃 하얀 유자꽃……. 지붕이며 담벼락이며 이곳 사람들의 생활과 자연풍경을 옮겨놓은 그림들이 정겹다. 마을의 풍농과 안녕을 위해 제를 올리는 밥 무덤이 자리 잡은 소박한 풍경이 외경스럽다.

평화로움. 아침 한나절의 이 평화가 내 몸에 들러붙은 불안, 짜증, 우울을 한 겹 한 겹 벗겨주는 듯하다. 앞으로 어떻게 살아가야 할까 하는 걱정도 사라졌다. 저 밑에서부터 알 수 없는 긍정의 에너지가 고이는 걸 느낀다.

, 성찰 없이는 통과할 수 없는 길이 있다
— 다랭이지겟길

푹 잔 덕분인지 걸음이 가뿐하다. 나선 김에 바래길을 걸어보기로 한다.
'바래'는 원래 물이 빠져나간 갯벌이나 갯바위에서 해초나 낙지, 문어 등을 채취하는 작업이란다. 그러니까 바래길이란 남해 사람들에 의해 자연스럽게 형성된 생활의 길이다.
지역 주민들이 이용하는 생활의 길을 '문화생태 탐방로'라는 제목 아래 14개 코스로 나누어 여행자들에게 서비스되고 있다. 내가 걷고 있는 이 바래길은 다랭이 마을을 지나가는 첫 번째 코스에 속한다. 일명 다랭이지겟길.

그 길을 천천히 걸으며 다랭이 논에 심어놓은 마늘잎이 출렁이는 모습을 바라본다. 풍광은 좋지만 관광객이 되어 바래길을 걷는다는 게 왠지 미안해졌다. 오랜 세월 동안 이곳 사람들이 한 뼘 한 뼘 늘려온 다랭이 논, 해물이며 해초를 지게에 지고 다녔을 바래길은 그야말로 치열한 삶의 현장이 아닌가.

"아침은 묵었나!"

민박집 아주머니가 마늘밭에서 쑥 허리를 펴고 걸어 나오며 묻는다.
걸음이 기우뚱 기우뚱하다. 불편한 다리를 하고서 새벽부터
밭일을 나온 아주머니의 저 환한 웃음은
어떤 경지란 말인가.
아, 한없이 부끄럽다.
그동안 힘들어했던 나의 외로움은 어리광에 불과했다.
생존의 고단함을 극명하게 지시하는 이 바래길에서
아침에 느꼈던 잠시의 평화조차 낯부끄럽다.
치열하지 않은 삶은 어디에도 없는 것을…….

바래길 | www.baraeroad.or.kr | 현재 총 10개의 코스가 개발되어 있는 바래길 코스안내도는 남해군청문화관광과 066-860-8601)으로 신청하면 우편으로 받아볼 수 있다.

달콤 씁쌀, 유자잎 막걸리

열여섯 살에 다랭이 마을로 시집을 왔다는 할머니가 운영하는 시골막걸리집은 그 누구도 들어가지 않고는 배길 수 없는 맛집이다. 직접 담근 유자잎 막걸리는 씁쌀하기도 하고 상큼하기도 하다. 옆 테이블에 나온 두툼한 해물파전을 시켰어야 하나, 후회가 밀려온다. 하지만 호박에 감자, 두부, 게 한마리가 통째로 들어간 구수한 해물 된장찌개가 나오자 언제 그랬냐는 듯이 수저질이 시작된다. 이곳에서는 펼쳐진 다랭이논과 끝이 보이지 않는 바다를 덤으로 얻을 수 있다. 눈앞에 펼쳐진 바다를 안주 삼아 막걸리 한 잔 더 마시고 일어난다.

시골할매막걸리 | 경남 남해군 홍현리 가천 다랭이마을 856 | 065-862-8381

어쩌면 나는 행복해질지도 모른다
― 금산 보리암

아름다운 남해 어디에도 내 부끄러움을 감출 곳은 없다. 차라리 그 부끄러움과 마주하자 하니, 보리암으로 가는 수밖에 없었다. 절벽 위의 제비집처럼 위태롭게 지었다는, 그래서 기도발도 끝내준다는 암자에 가면 정화될 수 있을 것 같았다.

심장을 더 빨리 뛰게 하고 싶었고, 그래서 보리암이 숨어 있는 금산으로 오르는 800미터의 아스팔트길을 속보로 걷는다.

대나무 우거진 계단을 내려가 시원한 약수 한 모금. 가쁜 숨이 진정되자 눈이 밝아져 천천히 절간을 둘러본다. 바다 위에 떠 있는 바위, 바다 위에 떠 있는 나무, 바다 위에 떠 있는 보리암. 어디론가 둥둥 떠내려갈 것 같다.

카메라의 눈으로 다시 한 번 둘러본다. 아, 언제 봐도 절집 기와는 모든 자연과 조화롭다. 하늘을 받친 기와, 푸른 나무들과 어깨를 겯고 있는 기와, 기암괴석의 등에 기대어 바다를 바라보는 처마…….

원래 그런 모양이었던 것처럼 자연스럽다. 외로워 보이는 일이 없다. 그게 아름다움일까.

보리암 옆으로 금산 꼭대기로 난 길이 있다. 400미터의 나무계단길을 걸어 올라가면 해발 701미터의 꼭대기에 오를 수 있다는데, 나는 등정(登頂)에는 관심이 없다. 그보다는 부처를 모신 만불전으로 든다. 법당 안이 고요하다. 잠깐 잠이 든 것 같은 몽롱한 기분으로 돌아갈 길을 생각한다.

잠수타기가 끝나고 수면 위로 올라가면 째깍째깍 삶이 시작될 것이다. 도시에서 나는 동료이자 적이기도 한, 친구이자 타인인 이들과 함께 울고 웃으며 살아갈 것이다. 늘 아쉬워하고 투덜대고 누군가를 부러워하면서 다시 또 바래길 위에 서게 되겠지. 그러나 나는 오늘 아침, 기우뚱 걷던 마늘밭 아주머니로부터 힌트 하나를 얻었다. 내 삶의 바래길은 깨달음의 길이기도 하다는 것.

보광전, 온 힘을 다해 불전 앞에 절을 하는 이들의 실루엣이 보인다. 한 동작 한 동작을 천천히 완성시켜 가는 나이 든 여인, 그 앞에서 눈을 감고서 무릎을 폈다 구부리기만 하는 젊은 남자. 머리가 희끗희끗한 아저씨는 엎드려 일어날 생각을 하지 않는다. 방석은 땀으로 젖어있다. 다들 무슨 곡절이라도 있는 것처럼 간절해 보인다. 하긴, 양양 낙산사 홍련암, 강화도 보문사와 더불어 3대 관음 기도처로 알려진 보리암이라는데 웬만큼 간절하지 않았으면 이곳에 오지 않았을 터.

소원 하나는 꼭 들어준다는 인자한 해수관음상 앞에서 나도 단 하나의 간절한 소원을 생각해 보았으나, 없었다.

많고 많은 것 중에서 가장 소중한 하나의 소원이 무엇인지 도무지 알 수 없었다. 그만큼 절박하지 않다는 증거라고 생각하자 기분이 좋아졌다.

어쩌면 행복해질 수도 있겠는걸.

강릉중앙시장

참소리박물관

강문해변

정동진

강릉

청춘의 추억이 깃든 그 바다에서
커피를 마시다

경포대

안목해변

'
그곳에 가면
젊은날의 나를 만날 수 있을까
— 정동진 바다

나이를 먹는다는 것은 세상을 알아가는 것일까, 아니면 그 세상에 길들여지는 것일까. 사회생활이란 생각보다 혼란스럽다. 눈에 보이는 사물처럼 모든 문제가 선명하다면 얼마나 좋으랴마는, 모든 중요하고 복잡한 것들은 늘 베일에 가려져 있다.

돌아보면 그가 아니면 안 된다 믿었던 사랑, 무엇과도 타협할 수 없었던 신념들은 젊은 패기였던 것일까, 치기였을까. 그때 'All or Nothing'으로 치달았던 나를 순수했다 말할 수 있을까. 나이 들어 알게 되는 것은 깨닫는 것일까, 노회해지는 것일까.

이십대 초반, 사회 초년생의 우리는 시내 술집에 모여 맥주를 홀짝이고 있었다. 허섭한 잡무가 많다는 둥 상사가 괴팍하다는 둥 수다를 떨던 중 누군가 내뱉었다.

"동해 바다 보고 싶다."

그러자 다들 대학 MT 때 찾았던 그 바다를 떠올렸다. 우리는 그 자리를 박차고 청량리역으로 향하는 택시를 잡아탔다. 정동진으로 가는 마지막 열차를 타기 위해.

다시 그 바다가 고팠다. 정동진에 가면 잃어버린 젊은 날의 내 모습을 다시 볼 수 있을까. 혹시 그때처럼 가슴 설레며 바다로 뛰어들 수 있을까.

정동진, 그 바다를 막상 맞닥뜨리고 보니 예전에 느꼈던 설렘과 흥분은 일지 않았다. 그때 함께했던 친구들이 절로 그리워진다.

자리를 잡고 앉아 해를 기다리고 있는 나, 인생을 다 알아버린 노인이 된 것처럼 어둡고 조용한 바다 앞에서 젊은 시절의 나를 추억한다. 이곳을 처음 찾았던 대학시절의 나, 사회 초년생이 되어 다시 찾았던 나. 그로부터 시간은 엄청난 속도로 흘렀고, 나는 지금 길을 잃었다.

내게 무슨 일이 있었던 것일까. 나는 어디로 가고 있는 것일까.

한동안 희미한 해변을 서성거렸다. 쏴, 쏴, 쏴, 하염없이 반복되는 나직하고도 리드미컬한 파도의 위로를 받으며. 젊은 날의 나를 기억한다는 듯이 토닥토닥, 개나 소나 다 다녀간다는 흔해빠진 이 바다가 나를 위로한다.

정동진 | 강원도 강릉시 강동면 정동진리 | 033-640-4536

해가 떠오르기 시작할 무렵 바닷가를 빠져나왔다.
이미 충분했다.
해를 보겠다는 건 핑계였다.
내가 기다린 건 해가 아니라 고요한 마음이었다.

'혼자 시장에 가면 안 되는 이유
- 강릉 중앙시장

서울로 다시 올라갈까 하다가 내친김에 좀 더 강릉에 머물기로 했다. 정동진 새벽바다에서 받은 부드러운 위로를 연장하여 음미하고 싶었다.

강릉은 내게 아무 연고도 없는 지역이지만 오래전 추억 때문인지 익숙하고 친숙하다. 익숙한 것은 편안하다. 편안함은 지친 마음을 위로한다. 한때는 낯선 곳에서 낯선 사람을 만나는 흥미진진함이 여행의 참맛이라고 믿었던 나를 돌아본다. 그때의 혈기왕성했던 나로부터 얼마나 멀어진 것일까.

마치 강릉 시민인 양 유유자적 시내를 돌아본다. 10년 전에 비해 좀 더 높고 깨끗한 건물이 들어선 것 외에는 변한 게 없는 것 같다.

중앙시장으로 향한다. 재래시장만큼 활력 넘치는 곳이 또 있을까. 골목 입구에 서서 일렬종대로 나란히 줄지어 선 상점들을 보자 갑자기 허기가 느껴진다. 중앙시장에 소문난 맛집이 있다는 풍문도 확인할 겸 성큼성큼 들어선다.

강릉의 맛은 담백하고 구수한 메밀전으로 시작하여, 유명세를 치르고 있다는 떡갈비, 닭강정, 소머리국밥을 접수했다. 메밀전과 떡갈비를 먹고 난 다음부터는 애석하게도 카메라 안에 사진으로 넣었다.

2층으로 올라가자, 여긴 전혀 다른 세상이다. 아씨한복, 실비한복, 세레나한복…… 복도에 일렬로 늘어선 한복집들을 보니 정겹다. 어릴 적 기억에 익숙한 풍경이다. 요즘 한복 맞춰 입으러 오는 사람들이 얼마나 될까 싶다.

복도를 돌자 삼숙이탕으로 유명한 해성횟집, 가오리탕을 뽐내는 선우식당이 나타난다. 친구들과 같이 왔다면 벌써 자리를 잡고 앉아 소주에 회 한 접시 시켜놓았을 텐데. 혼자만의 여행에서 아쉬운 게 있다면 바로 이런 음식을 나눌 수 없다는 것이다.

친구네 집 같은, 감자려인숙이 게스트하우스

둘러 해변에서 철수한 나는 작은 게스트하우스로 숨어들었다. 숨기에 딱 좋을 만큼 작은 집이다. 감자려인숙이, 두 개의 도미토리와 한 개의 트윈룸이 전부지만 많은 걸 즐길 수 있다. 문앞에 내놓은 평상에 앉아 봄날의 햇볕을 즐길 수도 있고 부엌에서 간단한 요리도 할 수 있을 뿐만 아니라 뒷마당에서 바비큐 파티도 할 수 있다니, 호텔보다 못할 게 없다.

독립영화를 제작하는 영화감독 부부가 운영하는 감자려인숙이 레지던스는 어딘지 모르게 자유롭다. 주인장과 이런저런 이야기를 나누다 보니 어느덧 나는 숙박객이라기보다는 친구네 집에 놀러온 사람이 된 듯하다. 알고 봤더니 그게 바로 이 게스트하우스의 가장 큰 매력이라 한다. 갑과 을이 아닌 '을과 을'의 레지던스.

감자려인숙이 | 강원도 강릉시 강문동 154-5 | 033-653-2205 | http://cafe.naver.com/gamjzas

'진짜 소리'를 발견하다
— 참소리박물관

시내를 벗어나, 소리를 모았다는 박물관을 향한다. 하도 많이 들어본 곳이라 와본 적이 있었나 했는데, 생각해보니 초행이다. 강릉과 소리박물관은 어떤 연관성이 있을까 생각하면서 실내로 들어서는 순간 '소리 없는 아우성'에 압도되고 말았다. 축음기에 반해 한평생 고물 축음기를 수집해 왔다는 관장(손성목씨)의 애정과 열정이 느껴지는 방대한 규모다.

박물관의 정식 명칭(참소리 축음기 에디슨과학박물관)에 왜 에디슨이 포함되는지 알 만하다. 축음기뿐만 아니라 영사기, 전구, 카메라, 오르골, 텔레비전에 이르기까지 모든 수집품은 전기를 발명한 에디슨의 업적을 기리는 듯하다. 에디슨 오마주 박물관이랄까.

반짝이는 나팔관 축음기들을 바라보며 생각한다. 그냥 '소리'가 아닌 '참소리' 박물관이라 한 이유는 무엇일까? 무엇이 진짜 소리란 말이지?

온갖 잡다한 소리에 둘러싸여 살아가는 현대인들에게 전하는 메시지인 걸까. 소리의 과잉 속에서 아름다운 소리, 의미 있는 소리를 골라 들으라는?

박물관 건물을 빠져나와 경포대로 향하는 길에서 무엇이 '참소리'인지 알 것 같았다. 지난 새벽 나를 달래주던 그 파도 소리. 경포대에 가면 아쉬운 대로 스마트폰에라도 파도의 노래를 담아가야겠다. 이 참소리를 친구에게, 선배에게 선물하리라.

참소리박물관 | 강원도 강릉시 송정동 216-4 | 033-655-1130 | www.edison.kr | 박물관 입장료 (7,000원)가 비싼 이유는 전시된 축음기, 오르골 등을 실제로 시연해주고 감상할 수 있기 때문이다.

다섯 개의 달
— 경포대

경포대에서는 다섯 개의 달을 볼 수 있다는데, 맨 처음 그 말을 한 이는 분명 가슴 아픈 사랑을 간직한 사람일 것이다. 그는 이곳 바다 위에 뜬 달을 바라보며 사랑하는 연인을 그리워했을 터. 그리움과 여성은 달의 원초적인 메타포니까.

달콤한 사랑에 빠져 있는 이는 경포대 해변에서 홀로 달을 올려다보지 않는다.
좀 있으면 달이 뜰 것이다. 나는 그 달을 올려다볼 자신이 없다. 혹시라도 어떤 그리움에 사로잡힐까 두렵다. 아니, 솔직해지자. 다섯 개의 달 중에서 단 한 개만을 보게 될까 봐 두려운 것이다. 아무도 그립지 않을까 봐······.

경포대 강원도 강릉시 안현동 산1 | 033-640-5129

경포대에는 다섯 개의 달이 뜬다.

하늘에 떠있는 달,
호수에 비친 달,
바다에 내려앉은 달,
술잔에 담긴 달,
님 눈동자에 새겨진 달.

창녕조씨 종가댁의 특별한 메뉴, 못밥과 포식해

강릉의 창녕조씨 종가댁에서는 모내기철이면 일꾼(질꾼이라고 불렀다)을 위해 양반가의 음식을 내놓았다. 모내기철의 밥이라는 뜻의 '못밥'이다. 한상 받아보니, 소박하면서도 품위 있게 차린 강릉식 밥상이다. 각종 부각, 두부조림, 말린 나물, 생선구이, 메밀김치전……. 오랜만에 먹어보는 조미료 없는 깔끔한 맛이다. 모내기 뒤에 남은 법씨로 지었다는 씨종지떡은 그 유래만큼 깊은 맛이 담겼다.

아시아에는 '해醢'라는 음식이 있다. 물고기 절인 것, 즉 젓갈이다. 이 젓갈에 밥과 양념을 넣고 버무려 삭힌 것을 식해食醢라 한다. 포식해는 창녕조씨 종가댁에서 전수되고 있는 특별식이다. 해마다 수십 번 치러야 하는 종갓집 제사에서 매번 남아도는 명태포나 오징어포를 활용한 요리다.

포식해는 물에 적신 포에 엿기름, 고춧가루, 찹쌀밥, 무를 섞어 삭힌 것으로, 맛은 짭조름하면서 약간의 신맛과 콤콤한 맛이 더해져 감칠맛을 낸다. 따끈한 밥 위에 얹어 오물거려본다. 오묘하다. 허기진 배를 채우고 난 뒤에야 초가 주변 풍경이 눈에 들어온다. 초가 옆으로 1820년에 지어진 '진사댁'이 소담한 멋을 자랑하고, 손님 많은 집답게 처마 끝까지 장작이 한가득 쌓여있다.

서지초가뜰 | 강원도 강릉시 난곡동 264 | 033-646-4430 | 창녕조씨 종가댁 음식을 계승한 못밥으로 유명하다.

바다 향이 담긴 두부 한 그릇

'초당'은 〈홍길동전〉을 지은 허균의 아버지 허엽의 호. 그가 강릉에 내려와 살 때 처음으로 두부를 만들었기 때문에 '초당 순두부'라는 이름을 얻었다. 그 기원이야 어찌 되었건 '초당 순두부마을'이 조성될 정도로 강릉의 특별한 맛이 된 것만은 분명하다.

새벽 4시쯤 콩을 갈기 시작해 아침 7시쯤이면 완성되는 초당동의 두부는 바닷물을 응고제로 사용한다. 때문에 고소한 콩 맛과 함께 청량한 바다 맛이 함께 느껴져 굳이 양념을 하지 않아도 감칠맛이 뛰어나다. 갓 끓여 내온 초당 순두부는 꼭 밥알을 풀어놓은 것 같기도 하고 구름을 담아낸 것 같기도 하다.

소박한 그릇에 하얗게 몽글몽글 엉긴 두부는 따끈하게 속을 채운다. 포근하게, 든든하게, 또 달콤하게. 경포대 근처에 왔다가 바다만 구경하고 초당 순두부를 먹어 보지 않으면 '멋은 알되, 맛은 모르는 사람'이라고 한다.

초당할머니순두부 | 강원도 강릉시 초당동 307-4 | 033-652-2058
소나무집 | 강원도 강릉시 초당동 354-4 | 033-651-1356

’내 안의 진또배기, 영접하다
– 강문교

강문동 어촌에 들어서면 어디서나 솟은 장대를 볼 수 있다. 이곳 사람들은 진또배기라고 부르는 솟대. 이 장대는 신을 향한 일종의 기원이다. 인간의 힘으로 풀어낼 수 없는 땅 위의 문제를 천상의 신들이 해결해 주기를 바라는……. 혹시라도 신들이 이 신호를 알아채지 못할까 싶어 사람들은 장대 끝에 아름다운 미끼를 얹었다. 나무로 깎은 오리는 허공에서 신들을 유혹한다.

수천 년 전통을 이어 온 이 샤머니즘이 마음에 든다. 진또배기에는 오만하지 않은 인간의 순수함, 그 외경심이 묻어난다. 더욱이 하늘을 배경으로 장대 끝에 매달린 오리는 심상한 이미지가 아니다. 매력적인 조형물이다.

진또배기 가로등 뒤로 경포해변과 강문해변을 연결하는 강문교가 보인다. 송강 정철이 〈관동별곡〉에서 강문교를 노래하였다 하니 18세기 시절을 상상해 본다. 소박하고도 꼼꼼하게 지었을 나무다리, 그 위로 흰 옷을 입은 여인과 남정네들의 바지런한 발걸음, 다리 밑에는 파래를 뜯는 이들의 풍경이 평화롭다. 높은 곳에서 진또배기가 굽어보는 이 어촌에는 백년 만년 나쁜 일 따위는 생기지 않을 것 같다.

마음속으로 진또배기 하나 깎는다. 비록 눈에 보이진 않지만, 외부의 위협으로부터 나를 수호할 물오리 한 마리 정성껏 깎는다.

그 솟대가 나를 대신하여 신에게 빌어줄 것이다. 제 앞가림 잘하게 해달라고.

강문해변 | 강원도 강릉시 강문동 | 033-640-4921 | 진또배기는 나무로 만들어진 것을 원조로 보면 좋다. 솟대다리에서 강문동 경로당 뒤편 상가건물 사이에 원래의 것이 서 있다.

'
강릉의 커피에는
추억 한 스푼이 녹아 있다

- 강릉항 카페해변

강릉에서 돌아다니는 동안 다른 지방과 구별되는 점 하나를 발견했다. 강릉은 커피와 매우 친숙한 지역이라는 것이다. 나 역시 강릉에서만큼은 커피 금단 증상을 걱정할 필요가 없었던 것이, 매일 그윽한 드립커피 한두 잔씩은 섭취할 수 있었다.

사실 작은 도시에 가면 제대로 된 원두커피 맛을 보기 쉽지 않다. 일단은 시내 중심가에서 커피체인점을 찾는 게 가장 빠르고, 그도 여의치 않으면 인스턴트 믹스커피로 아쉬움을 달래야 한다.

커피와 강릉 사이에 어떤 히스토리가 있는지 알 수 없다. 다만 시내에서든 해변에서든 갓 볶은 드립커피를 음미하면서 느낀 것은 서울이나 부산 같은 육지 도시의 커피와 다르다는 것.

맛이나 향보다는 그 아우라가 다르다. 커피커퍼, 산토리니, 엘빈 등 커피 전문점으로 가득한 강릉항(안목항)의 커피해변에 가면 알 수 있다.

바다를 배경으로 하고 있기 때문일까? 그러나 고개만 돌리면 푸른 바다가 펼쳐져 있는데, 마치 그 사실을 알지 못한다는 듯 커피향에 심취한 사람을 보았다. 아마 그의 여행 주제는 바다가 아니라 커피였던 모양이다.

강릉 커피의 매력을 확실히 알고 싶어졌다. 내친김에 강릉 여행의 마지막 코스 주제를 커피로 정하고 안목해변을 벗어나 강릉 시내로 향했다. 명주동에 있는 봉봉방앗간, 산속에 숨겨진 테라로사와 커피커퍼박물관, 이름난 바리스타가 운영한다는 보헤미안······.

강릉이 커피 중심지가 된 것은 어쩌면 자연스러운 현상이다. 그도 그럴 것이 개나 소나 또는 게나 고동이나 다 찾는다는 경포대와 정동진이 여기 있지 않느냐 말이다. 내 청춘의 한 자락이 간직된 정동진을 찾아왔듯이 다른 이들도 자신의 추억에 이끌려 왔을 것이고, 그 추억을 커피와 함께 음미하였으리라. 나처럼.

강릉 커피에는 육지에 없는 추억이 한 스푼 녹아 있다. 그러니까 커피의 '악마같이 검고 지옥처럼 뜨겁고, 천사처럼 순수하고 사탕처럼 달콤한' 맛은 추억의 맛이다.

🚌 **안목해변** | 강원도 강릉시 견소동 286 | 033-640-4616 | 할리스 매장이 있는 건물은 외부에 산책할 수 있는 테라스를 두고 있으니 안목해변을 조망하는 좋은 위치이다.

커피 아카데미, 테라로사

테라로사로 가는 초행길은 여느 처음보다 낯설다. 산속으로 흘러들어가는 듯해서 이곳이 맞는 건가 하는 의심이 한번쯤 들 찰나 테라로사를 만나게 된다. 꽤나 애매한 위치라는 생각이 들기도 하지만 오히려 그래서 더 찾는 이가 많은 건지도 모르겠다.
상상했던 것보다 더 크고 사람들로 북적이지만 카페의 품격이 느껴진다. 잘 볶아진 원두, 커피를 담아 먹기에도 아까운 아기자기한 잔들, 틈틈이 자리한 화분들. 카페 안으로 들어오는 햇살마저 바리스타가 짜놓은 계획표의 일부처럼 느껴진다. 최고의 초콜릿을 만드는 윌리웡카와 움파룸파가 있는 〈찰리의 초콜릿공장〉이 생각나는 건, 나뿐이려나?

테라로사의 홈페이지는 각종 행사에 세미나, 커피 모임까지 알리는 글들이 가득하다. 이 정도면 카페 홈페이지가 아니라 커피 아카데미 수준이다.

테라로사 | 강원도 강릉시 구정면 어단리 973-1 | 033-648-2760 | www.terarosa.com

강릉 커피의 자존심, 커피커퍼박물관/보헤미안

양치기 소년 칼디의 염소를 춤추게 만들었던 그 빨간 열매가 달린 것을 직접 눈으로 보았다. 남위 25°에서 북위 25°사이의 커피 벨트Coffee Belt에서만 생산되는 줄 알았는데 눈앞에 숲을 이룬 커피나무가 믿기지 않는다. 왕산리 산속에 갑자기 눈발이 날리기 시작한다. 그만큼 깊은 산속이다. 깊은 산골에 있지만 안전하게 온실에서 자라는 왕산골 커피나무는 매년 4월이면 제철을 맞고 5월에는 사람들을 불러 '커피나무' 축제를 연다. 우리 땅에서 커피를 재배하고 로스팅하여 한 잔의 커피를 만든다! 이런 모든 과정을 순서대로 구경하다 보면 한 잔의 커피가 내 앞에 당도한다. 오늘 로스팅한 싱싱한 원두에서 뽑아낸 커피와 더치커피는 무한정 서비스된다.

커피커퍼박물관 | 강원도 강릉시 왕산면 왕산리 806-5 | 033-655-6644 | http://cupper.kr

외로운 영혼들이 한 모금의 쓴맛을 음미하며 위로받을 수 있는 영토를 만든 건 '보헤미안'이었다. 그는 지금도 구도자와 같은 모습으로 커피를 만든다. 그러나 아쉽게도 '보헤미안'의 커피를 마셔보지는 못했다. 동해의 노을을 보며 마지막 커피 맛을 보겠다는 계획 같은 건 세우지 말았어야 했다. 그의 커피는 낮에만 마실 수 있다. '다시 온다'는 약속을 한다.

보헤미안 | 강원도 강릉시 연곡면 영진리 181 | 033-662-5365 | www.ebohemian.co.kr | 보헤미안은 한국 바리스타의 고수 박이추 선생이 만든 곳이다.

늦게 피는 꽃

"선배, 아무래도 나는 다른 사람보다 십 년씩 늦는 거 같아요."
작년 이맘 때 서른을 훌쩍 넘긴 후배와 봄꽃을 보러 가는 길이었다.
"십 년 늦게 성장했으니 지금 난 사랑에 빠져 강의도 빼먹는 대학생이라 생각할래요."
사회에서 자리를 잡지 못해 힘들어하는 그의 속내가 느껴졌다.
"일찍 피는 꽃도 있고 늦게 피는 꽃도 있잖아."
나는 그가 늦게 꽃피우는 나무라고 생각했다.
그래서 더 기다리고 견뎌내야 할 그를 위해 남도 여행을 제안했다.

매화, 벚, 산수유, 진달래, 개나리, 목련은 잎보다 꽃을 먼저 피우는 나무다. 그래서 가장 먼저 봄소식을 전하는 부지런한 수종이라 생각한다. 그러나 이들은 좀 늦된 축에 속할지도 모른다. 지난 가을에 꽃눈을 만들어놓고 겨울을 다 지낸 다음에야 꽃을 피우기 때문이다. 그러니까 여름꽃들처럼 따뜻할 때 꽃눈을 틔워 바로 개화하지 않고 춥고 긴 겨울을 준비기간으로 선택한 것이다. 결국 이른 봄에 꽃을 피우는 나무는 동시에 가장 늦게 꽃을 피우는 나무이기도 하다.

"매화꽃이 왜 일찍 피는지 알아?"
후배는 모른다고 했다.
나는 굳이 설명해주지 않았다.
대신 후배가 꽃길 아래 스스로를 도닥이기를 바랐다.
올해 다시 그 꽃길을 향해 가고 있다.
곁에 후배 대신 추억을 데리고 떠나는 길이다.

꽃과 향기를 좇는 탐미적 노예가 되어
- 광양 매화마을

벌써 광양에서는 매화꽃 잔치가 시작되고 있었다. 하얗게 매화꽃 흩뿌려놓은 언덕에 알록달록 옷을 차려 입은 중년의 여성들이 색의 대비를 보여준다. 청매실 농원으로 향하는 그들과 다른 산길로 접어들었다. 매화 동산을 가능한 한 넓게넓게 조망하고 싶은 욕심이다.

꼭대기 정자를 향해 오른다. 정자는 광양 매화마을이 한눈에 들어오는 전망대이기도 하다. 조용한 산길을 오르자니 바람이 스칠 때마다 매화향이 훅 끼친다. 무장해제. 향기의 세례가 시작되자 내가 착용했던 무거운 투구와 갑옷이 벗겨지고, 칼과 방패가 툭툭 떨어진다.

꽃과 향기는 식물의 생존 무기인가. 한 자리에서 붙박이로 살아야 하는 존재가 제 생명을 지켜낼 무기라기엔 참으로 아름답다. 도저한 유혹의 기술이다.

꽃의 힘에 기꺼이 굴복한다.

벌과 나비는 아닐지라도 결국 꽃을 보러 이곳까지 왔으니 기꺼이 노예가 될 작정이다. 탐미적인 노예는 매화향기 속으로 빨려든다.

광양매화마을 | 전남 광양시 다압면 도사리 141 | 061-772-9494 | http://maehwa.invil.org

대숲에서 후회하다
— 전망대

전망대에 오르자 매화나무 가득한 농원이 내려다보인다. 그리고 바람에 통째로 흔들리는 대나무 숲이 눈에 들어온다. 풍성한 댓잎들은 벌써 완연한 녹색으로 뭉게뭉게 피어 있다.

한동안 키 큰 대나무가 휘청휘청 바람에 몸을 흔들어대는 모양을 지켜보자니 점점 대나무 숲이 나를 향해 다가오는 듯하다. 어깨를 흔들며 다가오는 대숲에 묻혀버릴 것 같다.

눈을 감는다. 대숲은 나를 감싸안고서 쏴, 쏴, 쏴 요람을 태운다.

환상의 대나무숲 요람을 즐기며 조선의 어느 선비의 말을 떠올린다. 바람이 몹시 부는 날이면 그림 속 대나무가 움직이는 것을 볼 수 있다 하였는데, 지금 그 말의 뜻까지는 몰라도 느낌만큼은 알 것 같다.

착시 놀이를 접고 낮은 돌담길을 따라 내려간다. 이엉을 이은 소박한 초가집 한 채. 매화꽃 가지와 함께 한 앵글에 잡았더니 그대로 한 폭의 동양화가 된다. 담백한 그림이다. 중국처럼 거창하지도 않고 일본처럼 기교적이지 않은 한국 특유의 자연스러운 아름다움이다.

천재화가 오원 장승업의 삶을 그린 영화 〈취화선〉의 촬영세트로 지었다지만 이 초가집은 진짜 집이다. 사람이 살고 있는. 현재 누가 살고 있는지는 알 수 없지만 입주 경쟁이 대단했을 것 같다. 도시에는 떠나지 못한 채 살아가는 이들이 얼마나 많은가.

"선배, 제주도에 가서 게스트하우스나 할까?"

이 길 어디선가 후배가 내뱉은 말이 떠올랐다. 현실의 무게가 버거워 내뱉은 말이라고 생각했다. 자유로운 영혼은 철도 안 드냐, 돈도 없고 노하우도 없고 도와줄 사람도 없을 때는 당장 할 수 있는 일에 집중해야 한다고 충고했다.

그 말은 하지 말았어야 했다. 도닥여주고 싶었던 마음이 뾰족한 말로 가서 그 여린 가슴을 찔렀다. 이제 와 생각하니, 그 충고는 나 자신을 향한 것이었다. 왠지 초라해진다.

있는 그대로 너를 보고 믿어주고 지켜봐주는 선배가 못 되어서 미안.

보리피리 부는 언덕

언덕 한쪽에 내가 점 찍어둔 보리밭이 있다. 청보리의 순도 높은 초록은 이맘때, 아니 바로 지금이 아니면 구경할 수 없다. 바람이 불자 초록의 바다는 스스스스 술렁인다. 어디선가 보리피리 소리 들려오는 듯하다.

어릴 적 진달래가 흐드러질 때면 어른들은 앞산으로 회치(들놀이)를 떠나곤 했다. 꽃 가득한 중턱쯤에 자리를 잡고서 먹고 떠들고 노래하고 춤도 춘다는데, 아이들은 일절 끼워주지 않았다.

어른들이 빠져나간 무료한 봄날, 아이들은 작당이라도 한 듯 보리를 꺾었다. 여느때라면 토실하게 살이 오른 보릿대는 손대선 안 되는 금기 대상이었기에, 우리는 본능적으로 그 금기를 깨버린다.

보리 알맹이도 아닌 보릿대 몇 움큼으로 뭘 할 수 있었겠는가. 기껏해야 보리피리였다. 나 또한 보릿대를 꺾어 피리를 만들었다. 잔잎을 정리하고 손톱에 풀물이 배도록 꾹 누르면 구멍이 생긴다. 이제 입술에 대고 바람을 넣는다. 삐, 삐, 소리가 난다. 나란히 앉아 곡조도 박자도 제각각인 즉흥곡을 연주하던 그 모습이 아련하다.

이제는 금기를 깨는 쾌감도 없이 보릿대를 꺾는다. 피리 소리는 그때나 지금이나 똑같은데 왜 그런지 쓸쓸하다.

아무도 들어주는 이 없는 소리는 외롭다. 바람에 보리피리를 날려버렸다.

보리피리를 만들어 건넸을 때,
소리를 울리지 못하던 너는 또 무엇 하나 풀리지 않는다고 투덜댔지.
사람들이 농원의 꽃놀이에 마음을 빼앗기는 동안,
너는 먼 섬진강을 내려다보거나 매화나무 꽃줄기를 올려다보며
쓸쓸한 미소를 지었지.

그날 너의 카메라에는
꽃줄기 사이로 보이는 하늘 사진이 유난히 많았었다.
맥락을 잃어버린 이미지, 한없이 떠도는 너의 시간들…….

만병통치의 매실

상춘객들이 와, 하고 몰려들었다가 와, 하고 빠져나가가면 조용히 그 자리에 꽃이 지리라. 잎이 돋아나고 6월이 되면 매실이 열릴 것이다.

아는 사람은 다 알겠지만, 가히 매실액은 가정의 주치의다. 피로 회복제, 소화제, 변비해소, 골다공증 예방, 피부미용, 잡냄새 제거……. 만드는 방법도 단순해서 청매실에 올리고당을 넣고 숙성시키면 매실원액이 된다. 그 매실 과육으로는 장아찌나 피클로 먹는다.

청매실 농원에 줄지어 선 수백 개 장독에는 농축 매실액이 익어가고 된장은 구수하게 맛이 들어가고 있다. 청매실 농원에 오면 매실 막걸리, 매실 아이스크림도 맛볼 수 있다.

청매실농원 | 전남 광양시 다압면 도사리 414 | 061-772-4066 | www.maesil.co.kr | 3월이면 홈페이지에 개화정도를 매일 사진으로 올린다.

﹐아무것도 손대지 말 것
  – 평사리 공원

산과 강 사이에는 흰 벚꽃띠가 둘려졌다. 사람들은 그 띠를 따라 천천히 이동하고 있다.

섬진강은 고요하고 부드럽다. 모성적이다. 강변에 서면 나도 모르게 입에서 '엄마……' 하는 소리가 튀어나올 것 같다. 이런 강에서는 모터보트보다는 나룻배가 낫겠고, 나룻배 타기보다는 재첩 캐기가 낫겠고, 재첩 캐기보다는 강변 산책이 낫겠고, 산책보다는 낮잠이 나을 것 같다.

그래서 그런지 이곳 평사리공원은 전혀 공원답지 않다. 길고도 넓게 이어진 모래사장만 있다. 물론 캠핑장이나 놀이터가 있긴 하지만 1할이 안 된다. 애초에 콘크리트 시설물을 계획하지 않은, 그저 섬진강 하나에 기대어 만든 모래사장공원이다. 평사리공원은 엄마처럼 수수하고 소박해서 좋다.

이따금 유려한 산등성이를 배경으로 드넓은 모래사장에 패러글라이더가 내려앉는다. 그 풍경을 배경으로 모래사장을 거니는 사람들은 저마다 프랑스 영화 속의 주인공 같다.

손대지 않으니 멋지다. 덕지덕지 치장해놓은 문화관광지에 비할 바가 아니다.

평사리공원 | 경남 하동군 악양면 평사리 91-1 | 055-883-9004

,
네 어깨에 내리는 꽃비, 세례
― 19번국도, 십리벚꽃길

3월 하순, 오전 8시.
하동에서 구례로 이어지는 그 유명한 19번 국도변.
벚꽃 구경은 타이밍이다. 4월로 넘어가면 이파리가
나기 시작하면서 순백의 열병식을 놓친다.
낮이나 저녁 시간을 선택하면 꽃구경이 아니라 사람 구경이 된다.
손에 타임워치를 든 것처럼 긴장해야 한다.
게을러서는 꽃의 노예로서 자격이 없다.

작년과 같이, 나는 '만남'을 위해 만반의 준비를 했다. 아침 일찍 서둘러 채비한 덕분에 사람 없는 19번 국도를 독차지했다. 아침햇살 아래 반짝이는 꽃비를 맞기 위한 일종의 의식이다.

텅 빈 도로는 분홍물이 오른 하얀 조각들이 한 잎 한 잎 떨어지고 있었다. 바람이 나무를 스치자, 나를 환영하는 꽃잎이 하르르 쏟아져 내린다.

이제 쌍계사길로 접어든다. 쌍계사는 말고 쌍계사길만 볼 것이다. 이 무렵이면 벚꽃 터널로 장관을 이루는 십리벚꽃길의 인기를 쌍계사도 넘볼 수 없다. 마음 같아서는 1,200여 그루가 꽃터널을 이룬 십리벚꽃길 5킬로미터쯤은 두 다리로 걷고 싶지만 혼자 왔으니 어쩌랴. 최대한 속도를 낮춰 느릿느릿 전진한다.

후배는 온몸으로 느끼고 싶다며 선루프를 열고 소리를 질렀지.

그러다 입속으로 떨어진 꽃잎을 씹으며 깔깔 웃어대던 모습이 눈에 선하다. 그때 하얀 꽃잎이 네 머리에 네 어깨에 내려앉았다가 날아가고 다시 또 살포시 내려앉는 광경을 바라보며 생각했다.

꽃비의 세례식. 근심걱정을 씻어주는 세례洗禮를 받았으니, 이제 행복해지겠지.

어느덧 십리벚꽃길에 사람들이 몰려든다. 자동차에 관광버스가 줄지어 들어서고, 성마른 사람들은 벌써 차에서 내려 사진을 찍는다. 구례로 향할 때가 되었다. 이제 산수유의 노예가 될 차례다.

19번국도 | 하동에서 구례까지 이어지는 국도변에 벚꽃나무가 터널을 이루고 있다.
십리벚꽃길 | 경남 하동군 화개면 탑리~대성리 | 055-880-2950(악양종합안내소) | 화개장터에서 쌍계사에 이르는 길이다.

은어튀김, 재첩국

섬진강에 가면 반드시 섬진강에서 난 것을 먹어봐야 한다. 섬진강 재첩국은 도시의 재첩국과 확실히 다른 맛으로, 그 이름값을 하고도 남는다. 뽀얗게 우러난 국물은 담백하고 여운이 긴 맛이다.
주재료의 맛을 살려야 하므로 특별한 요리비법 따윈 필요 없다. 물에 재첩을 넣고 끓여 국물이 하얗게 되면 소금 간하고 부추만 넣는다.

섬진강의 또다른 별미는 은어 튀김이다. 섬진강에서 갓 잡아온 팔딱이는 은어에 치자가루를 넣은 튀김옷을 입혀 튀겨낸다. 이 고소함도 섬진강변이 아닌 다른 곳에서는 찾을 수 없는 맛이다. 있어야 할 건 다 있고 없을 건 없다는 화개장터에서 지리산 약초들을 구경한 다음 출출할 때 먹기 좋은 게 은어튀김이다.

화개장터 | 경남 하동군 화개면 탑리 | 055-880-2383
동흥재첩국 | 경남 하동군 하동읍 광평리 221-34 | 055-884-2257

마을의 주인은 누구인가,
– 구례 산수유마을, 현천마을

나무와 함께 살아가는 마을, 봄이면 온통 노란색으로 물드는 마을, 그런 마을이 구례 말고 또 있을까?

특히 이 무렵 산동마을은 마을이 통째로 노랗게 물든다. 산수유꽃이 만개한 풍광을 보고 있노라면 이 마을의 주인은 산수유나무가 아닐까 싶다. 주객의 전도, 지금 다시 보니, 확실히 마을은 숲의 품에 안겨 있다.

하긴 당연한 일이지. 이 마을 주민들의 주된 수입원이 산수유 열매 아닌가. 좀 더 생각해 보니, 우습다. 인류는 언제나 자연의 품에 안겨 살아왔고, 자연이 내준 것을 일용할 양식으로 삼았거늘……. 때때로 인간은 그 자신이 자연의 소산이라는 사실을 잊고 오만해질 때가 있다.

산동마을에 1000년 된 시목始木이 있다 한다. 그간 3만 그루의 후손을 보았단다. 외경의 마음으로 구불구불한 돌담길을 걷는다.

노란 개나리꽃이 명랑한 여자아이를 보는 것 같다면, 채도가 낮은 산수유꽃의 노란색은 성숙한 여인이다.

그래서 운치가 있다.

저수지가 있는 현천마을로 건너왔다. 환상적인 꽃 그림자를 구경하기 위해서다. 아직은 춥고 쓸쓸한 갈색 들판을 배경으로 피어서 그런지 아스라함이 느껴진다. 봄꽃이 좋은 이유다. 정자 현천정에 앉아 물 위에 비친 산 그림자와 산수유꽃을 본다. 인간관계도 이렇게 자연스럽게 어우러지면 얼마나 좋을까. 한동안 시선을 물속에 꽂은 채 내 안의 욕망을 들여다본다.

구례산수유마을 | 전남 구례군 산동면 위안리 | 061-781-9700
구례산수유꽃축제 http://sansuyu.gurye.go.kr/santflow.or/ | 매년 3월 말일에 산동마을을 중심으로 3일간 축제를 연다.
현천마을 | 전남 구례군 산동면 계천리 | 한적하게 꽃길을 걷고 싶다면 현천마을로 가는 게 좋다.

불전에 올린 붉은 마음
― 화엄사

큰 산 밑에 큰 정신이 서는 법.

지리산의 화엄사만큼은 모른 척할 수가 없었다. 경내로 들어서자 2층으로 건축된 각황전의 웅장한 규모와 단청을 넣지 않은 당당함에 압도되고 말았다. 그야말로 천년고찰의 위엄이다.

각황전 들어서는 마당에 저 홍매화는 또 어떠한가. 가지 끝마다 붉은 꽃봉오리를 매달고 있는 포스에, 300살이나 먹은 나무라는 게 믿기지 않는다. 불사佛舍에서는 나무도 도를 닦는가. 유난히 색이 짙어 흑매화라고 부르기도 한다는데, 매화꽃잎 떨어진 자리마저 붉다.

뒤로 돌아들었더니 이번에는 붉은 동백꽃이다. 겨울을 건디고 2월부터 피었으니 이제 막 쏟아지고들 있었다. 시들어 쪼그라들다가 가뭇없이 떨어지는 게 아니라 이제 생을 놓겠다, 결심하듯 활짝 핀 채로 툭 떨어진다. 그 떨어지는 소리가 귀에 들리는 꽃이다.

감히 여행길에 낙화落花를 엿보다니, 불경스럽다. 동백나무의 자존심을 지켜줄 양으로 얼른 눈길을 거둔다.

이 봄, 화엄사에서 나는 붉은 마음을 보았고, 물들었다. 맘 속에 붉은 꽃송이 하나 심어 돌아간다. 꽃나무처럼 살아야겠다. 내 자리에서 버텨내보자. 꽃 피우고 열매 맺으며 천 년쯤 살아보자.

돌아가면 후배에게 전화하리라.

"지난봄에 꽃비 세례 받았으니까 넌 괜찮을 거야!"

고성

동해의 외딴 해변을 떠돌다

가진항/거진항

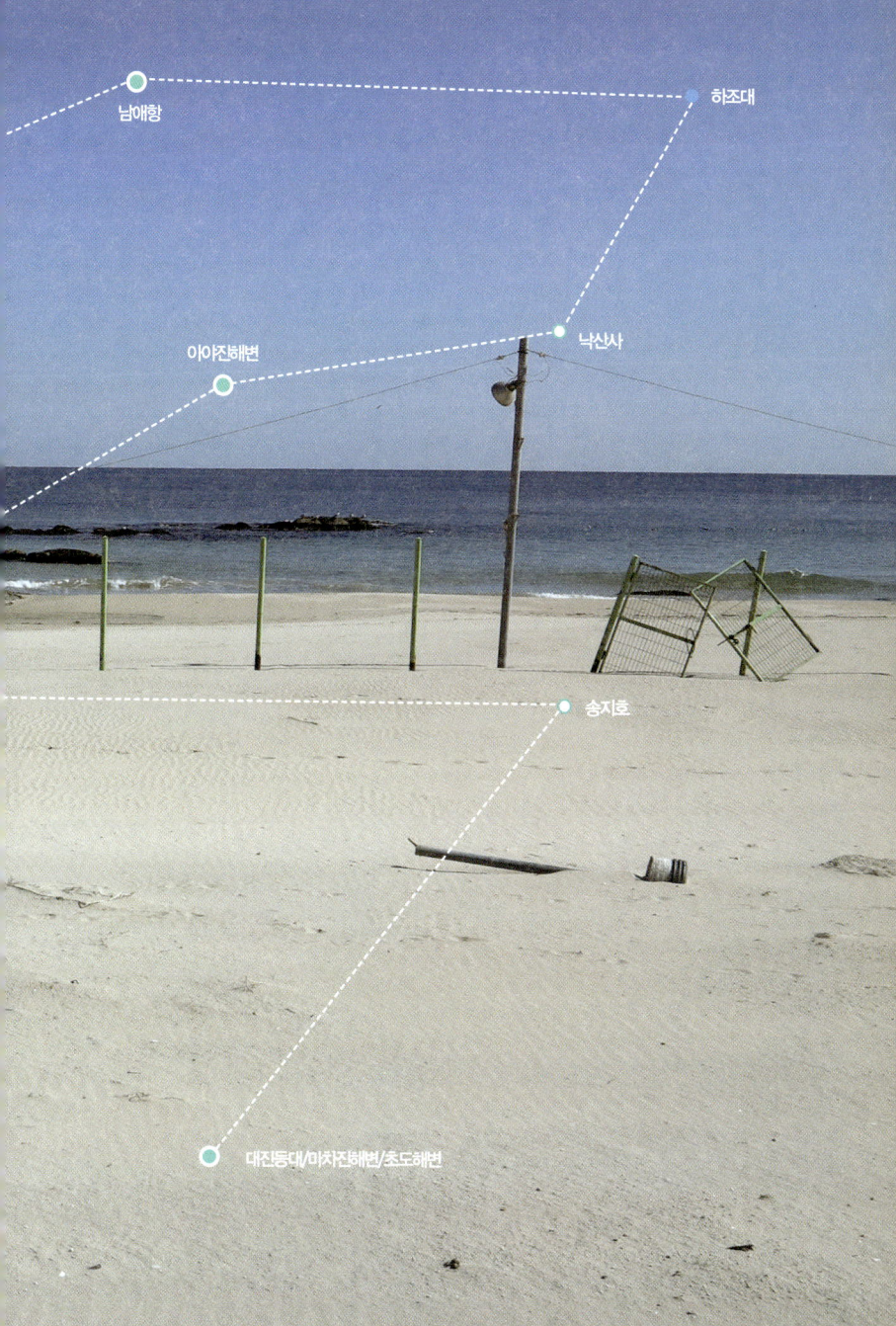

’오른쪽만 보고 달릴 거야

시키지 않아도 그렇게 된다.
고개가 저절로 오른쪽으로 돌아가는 7번국도.
매운 겨울바람이 코끝을 치는 감촉까지 황홀하다.
강릉에서 남애항을 향해 달릴 때 그 누군들 시속 60킬로미터의
속도로 펼쳐지는 하늘과 바다에 홀리지 않을까.

차를 세우고 바람 속을 걷는다.
복잡한 마음을 끌고 와서 바라보는 텅 빈 하늘이 시원하다.
아무것도 없는 무한한 세계는 외부로 뚫려 있다.
무한한 우주…….
나의 눈이 우주와 맞닿는다.

그 우주가 분홍빛으로 물들어간다.

푸른색 배경 위로 스며드는 분홍빛.
눈물을 참고 있는 미소 같다.
그 미소 가운데 하얀 달이 살짝 떠오른다.

가슴이 저민다.

항구의 불빛, 그 따뜻한 쉼표
– 남애항

남애항에 도착하자 어느새 어둠이 내렸다. 어선들은 모두 얌전히 부두 안에 정박 중이고 갈매기도 깃 들인 시간, 횟집 타운은 잠에서 깨어나듯 하나 둘 불빛을 밝힌다.

불빛 아래 앉은 이들은 어떤 제목으로 건배를 나누고 있을까. 누군가 그랬다. 사람들은 술을 마실 때마다 수만 가지 제목을 붙인다고. 이별주, 위로주, 축하주, 화해주……. 제목이란 건 말하자면 술 마실 '핑계'겠지만, 횟집타운의 불빛들을 바라다보자니 제목은 아무래도 괜찮겠다. 한잔 술에 힘들었던 하루를 털어 넘기기. 그건 일종의 지혜다. 하루의 삶을 마감하는 이들을 밝히는 저 불빛들은 따뜻한 쉼표 같다.

어두운 기운이 분홍빛 하늘을 덮어가고 있다.
하늘과 바다와 땅의 경계가 지워져가고 있다.
습기를 머금은 해풍이 스멀스멀 바위와 모래사장을 잠식하는 풍경을
넋 놓고 바라다본다. 하얀 파도는 안개처럼 기어오르고,
나는 점점 나른해진다.
생각이 많아 늘 뒤척이곤 하는 나를 저 몽환의 바다가 재워준다.
발끝에서부터 잠벌레들이 스르르 기어온다.
나는 간신히 카메라를 들어 올려 그 순간을 잡았다.
철컥 하는 소리가 아니었으면,
아마 나는 저 사이렌의 노랫소리 같은 해무에 미혹되어 버렸을지도……

, 그녀의 눈시울을 닮은 바다
- 하조대

아침 일곱 시. 해가 떠오르기 시작하는 하조대…….
그 분홍빛 하늘에서 나는 그녀의 붉은 눈시울을 보았다.

그 무렵, 우리는 그녀에게 매정했다. 언제나 늦도록 일을 하는 그녀는 마치 공부만 잘하는 모범생 같았기 때문이다. 질투였다. 지친 내색도 없이 업무에 집중하는 모습이 곱게 보이지 않았다. 어느 날 바쁜 일이 있어 아침 일찍 사무실에 갔을 때, 나는 그녀가 혼자 일하고 있는 모습을 보았다. 그녀는 요즘 새벽에 출근하고 있었던 것이다. 그녀는 팀원들에게 피해를 주기 싫어서라고 했다. 그날 저녁, 나는 그녀에게 맥주를 샀다. 한 모금을 마신 뒤 그녀의 눈언저리가 붉어지는 것을 보았다. 술이 약해서 그렇다고, 한 잔만 마셔도 그렇다고 했다.

오래 전 일이었다. 하조대의 아침, 그녀의 눈시울을 닮은 하늘빛이 아리다.
지금이라도 그녀에게 말하고 싶다.
미안해요.

태양이 옆구리를 비추는 시각, 그 빛 아래에서만 볼 수 있다.
저 줄무늬, 신비한 모래의 춤.
모래는 파도와 춤을 춘 흔적을 그림으로 남겨두었다.
이른 아침,
오직 나만을 위해 만든 작품을 감상한다.
저 발자국의 주인은 그 기회를 놓쳤다.

존재를 확인하는 시간
– 하조대 해수욕장

수평선 위로 해가 솟아오를 때 햇빛은 아주 낮은 각도로 뻗어나간다. 모래사장 위로 햇빛이 드리워질 때 모든 사물은 가장 섬세한 모습을 드러낸다. 아무리 작고 미세한 사물일지라도 그 고유함을 숨길 수 없다.

텅 빈, 쓸쓸한, 추운 아침의 이 모래사장에서 그것을 본다. 저 줄무늬는 파도와 모래가 남긴 춤의 흔적이다. 밤새 격렬한 탱고라도 춘 것일까. 줄무늬의 흔적이 생생하다. 껍질만 남은 소라의 뾰족한 뿔은 아직도 날카롭다. 버려진 어망을 휘감은 철망은 금방이라도 튕겨져 나갈 것만 같다.

햇빛을 향해 팔을 들어본다. 스웨터 소매 끝의 보풀을 엑스레이 찍듯 들여다본다. 햇빛 속의 보풀은 반짝이면서 부풀어 오르는 것 같다. 보풀이 제 존재를 드러내는 순간이다.

수평선 위로 해가 솟아오를 때 햇빛은 아주 낮은 각도로 뻗어나가고, 그 빛에 '나'라는 존재의 세밀한 부분을 비추어본다.

풍경을 감상하기 위한 설치물 감상하기
— 하조대 전망대

하조대(河趙臺)는 바다가 한눈에 내려다보이는 곳에
지은 정자의 이름이다. 조선의 개국공신이었던 하륜(河崙)과
조준(趙浚)이 만년을 지낸 곳에 지었다는 정자는 바다가 한눈에
내려다보이는 절벽 위에 있었다.
사실은, 정자보다는 애국가에 등장한다는 소나무가 보고 싶었다.
기암괴석 끄트머리에서 독야청청한 생명의 힘에 고무되고 싶었던 것일까.
그러나 어디를 둘러봐도 그 소나무는 없었다.
아니, 찾지 못했다.
무조건 가장 높은 곳으로 가면 있겠지 했던 게 실수였다.
그런 나를 위로하겠다는 듯 전망대가 나타났다. 정선의 병방치
전망대처럼 발밑을 내려다볼 수 있는 유리전망대였다. 전망대에 매달려
바다를 바라보는 이들의 뒷모습을 보다가 문득 전망대 자체가 궁금했다.
그러니까 풍경을 감상하기 위한 설치물 감상하기다.
뭔가에 집중하고 있는 누군가를 관찰할 때의 즐거움 같은 것이다.
사진하는 사람 특유의 엿보기 습성일까? 아니다.
'역(逆)'으로 보는 시선이다.
역광 같은 건 개의치 않았다. 오히려 예리한 빛이 조리개를 뚫고
들어오는 걸 허락했다. 훗날 이 사진만 보아도 그날 발 아래로
넘나들던 바다 풍경이 아찔하게 떠오를 것이다.

하조대 | 강원도 양양군 현북면 하광정리 | 033-670-2516 | 별도의 주차장이 마련되어 있고
정상에는 정자와 등대를 볼 수 있다.

까칠한 마음 내려놓는 자리
– 낙산사 홍련암

까다로운 일보다 더 괴로운 건 누군가를 미워하고 원망하는 마음이다. 이곳, 해안 절벽에 서니 지난 몇 달 동안 불편했던 그 마음자리가 느껴진다. 눈치 빠른 후배는 참을 인(忍)자를 손바닥에 써서 후루룩 마시라고 했다. 나는 어이없게도 그러면 정말 효험이 있느냐고 되묻고 말았다.

홍련암은 나처럼 가슴에 덩어리를 가진 사람들을 위한 곳이다. 세상일에 너덜너덜해진 가슴으로 이 자리에 서서 망망대해를 맞으라는 의상대사의 배려다. 사람들은 왜 이런 깎아지른 절벽에다 암자를 짓는지 모르겠다고 하지만, 누가 시켜서 가는 것도 아니면서 한사코 홍련암을 올라가는 그 맘은 무엇이겠는가. 적어도 참을 '인'자를 먹는 시늉보다는 현명한 행동이라고 생각한다.

의상대사가 낙산사를 창건할 때 좌선하였다는 그 자리에 앉았다. 동해바다를 보는 것만으로 그간 속세의 일들이 한줌처럼 느껴진다. 자연의 일부가 되는 것 같다.

어쩌면 해탈이라는 것도 별것 아닐지 몰라…….

낙산사 | 강원도 양양군 강현면 전진리 56 | 033-672-2417

' 곰치국이 뭐길래
– 아야진 해변

나는 바다를 놀이터 삼아 자란 갯가 아이였다. 동네 사람들은 우리가 노는 곳을 '갱문'이라고 불렀는데 자라도록 무슨 뜻인지 몰랐다. 나중에 박경리의 《김약국의 딸들》을 읽고서야 작은 항구의 입구(갯문가)라는 사실을 알았다.
갱문에서 헤엄을 치다가 지겨워지면 멸치 공장 앞으로 달려간다. 우리는 하얗게 펼쳐진 멸치 속에 섞인 꼴뚜기 같은 걸 골라 먹어치웠다. 멸치 공장 주인에게 들킬까 겁낼 필요도 없었다. 어차피 꼴뚜기는 솎아내야 할 일. 어린아이들의 작은 손은 멸치 비늘을 다치지 않고 꼴뚜기를 집어내기에 안성맞춤이었다.

아야진 항구에서 그물 손질하는 어부들을 기웃거리며 지난날의 새까맣고 싱싱한 나를 떠올렸다. 식당으로 발길을 돌린다. 누군가 겨울 동해바다에선 곰치국을 먹어보라 했다. 새하얀 살이 스르르 부서지는 희한한 생선, 곰치는 겨울에 맛이 올라 뽀얀 국물이 우러난다고 했다.

"아줌마, 곰치국 해요?"

"그런 건 또올래 식당으로 가봐요."

횟집에서 추천한 밥집이니, 두 번 생각할 필요도 없다. 그러나 운이 좋지 않다. 웬일인지 어제 오늘 아야진 공판장에 곰치가 보이지 않는다는 것.

"곰(곰치) 한 마리가 삼만 오천원이면 어찌 장사하랜!"

나에게 곰치국을 내놓지 못한 식당 아주머니, 괜스레 옆 테이블 손님을 향해 퉁박이다. 알고 보니 그는 방금 전에 생선을 공판장에 넘기고 온 선장. 그는 올해 곰치 재미를 못 봐 속상한데 그리 말하면 섭하다며 되레 역정이다.

곰치국을 찾은 게 미안해진 나는 미역 반찬이 예술이라고 화제를 돌려보지만, 아주머니는 곰치 아쉬움이 덜 가셨는지 구수한 강원도 사투리로 자랑을 늘어놓는다.

"이 집이 맛난 집인 줄은 어찌 알고 왔나? 우리 집은 메뉴판에 없는 거이도 많아. 골뱅이는 진짜 동해산만 쓰는 거 아나?"

˒여행자의 특권

― 아야진 해변

배를 채우고 다시 또 항구를 두리번거린다. 한 무리의 사람들이 모여 있는 곳으로 가니, 사람들은 분주하게 손짓으로 소통하거나 알아듣기 힘든 두 음절의 말을 빠르게 내뱉는다. 한 어부는 나무토막에 가격을 써넣어 살짝 열었다 닫는다. 바닥에 쌓인 곰치와 대게 무더기를 못 보았다면 경매 중이라는 걸 결코 알 수 없었을 것이다.

바닷가로 향한다. 한 노인이 해변 바위 끝에 서서 긴 장대로 작업 중이다. 가만 보니, 물결에 떠밀려온 미역을 건져 올리는 중이다. 원래 미역은 '따는' 것이 아니었던가! 저 맑고 투명한 바닷가를 배경으로 한 노인의 풍경은 이국적이면서도 평화로운 동화 속 같다.

바닷가 끝에는 웅덩이처럼 파인 너럭바위가 보인다. 그 속에 에메랄드빛 바다가 잡혀 있다. 그 물에 손을 담가본다. 할 수만 있다면 이 맑은 옥빛 바다를 배낭에 넣어 가져가고 싶다. 소유욕을 부르는 바다가 아닐 수 없다.

하릴없이 어슬렁거리는 한가한 여행자는 이곳 사람들의 눈에 보이지 않는 것 같다. 내가 기웃거리든 말든 개의치 않는다. 그들은 제각각 분주하다. 하긴, 그들에겐 이곳은 삶의 터전이고 해야 할 일들이 있으니…….

그게 마음에 든다. 내가 여행자의 특권을 누리고 있다는 게 실감난다. 이곳은 나의 현실이 아니며, 그들의 현실을 구경하는 이방인이다.

나는 이 항구와 바다를 아름다운 한 장의 그림으로 감상할 수 있는 권리가 있다. 그런 여행자를 귀찮아하지 않고 심드렁하게 받아주는 이곳 풍경이 좋다.

바다가 보이는 방 골든베이

간밤에 꾼 꿈은 몽환적인 그림 속이었다. 밤바다 위를 가르는 돛단배, 길을 비추는 등대와 별빛, 뱃전에서 노래를 흥얼거리던 그……. 이런 단꿈은 오랜만이다. 바다에 왔고, 바다가 보이는 방에서 잠을 잤기 때문일 것이다.

동해에서 쏟아지는 햇살 아래 마시는 스틱커피의 맛이 고소하다. 창문 어귀에서 서성거리던 햇볕은 어느새 소파에 난짝 올라앉았다. 카메라를 꺼내 누운 채로 햇볕이 만들어낸 풍경도 찍어보고, 천장도 찍어본다. 이번엔 카메라 시선을 낮추어 이부자리 위에 얹어놓은 커피잔을 찍는다. 아웃포커스 때문에 구겨진 이불이 포근하게 느껴진다. 초점은 커피잔에 정확히 맞추지 않아도 무방하다.

찍어보니, 예쁜 방이다. 이번 여행은 운이 좋다.

골든베이 | 강원도 양양군 현북면 하광정리 638-5 | 033-672-7090

또 갈게요, 또올래식당/금강산도식후경

곰치국 대신 주인아주머니의 추천에 따라 생대구탕을 맛본다. 고추장을 풀고 '이리'를 적당히 섞어 끓인 국물은 신기하리만큼 담백하고 구수하다. 고기 살점을 입에 넣으니 아들아들하다. 밑반찬도 훌륭하다. 잘게 찢어 새콤달콤하게 무친 꼴뚜기, 간장으로 간을 하고 들기름을 둘러 무친 생미역나물도 신선하다.

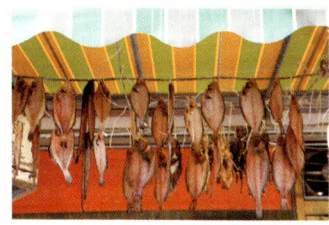 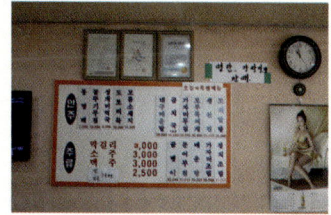

또올래식당 | 강원도 고성군 토성면 아야진리 39-8 | 033-633-1851

가진항은 한적하게 산보를 즐기기 좋은 해변이다. 비수기에 온다면 사람 마주치는 것도 신기한 이 해변에서 유일하게 인구밀도가 높은 곳이다. 이미 맛집으로 소문이 나서 겨울철에도 요란한 식당 풍경이 신기하다. 이름에 걸맞게 사람들은 맛있는 밥 먼저 먹고 해변 구경은 나중에 한다. 자연산 횟감으로 만드는 물회, 해삼물회가 유명하다. 기본 반찬으로 제공되는 미역회, 두릅회, 문어숙회도 싱싱한 맛에 젓가락질이 쉴 틈이 없다. 물회를 다 먹을 때쯤 제공되는 국수사리를 비벼서 한끼 식사를 마치면 가진항 풍경이 더없이 아름답게 보인다.

금강산도식후경 | 강원도 고성군 죽왕면 공현진리 29 | 033-633-8866, 010-3319-4071 | www.kumkangsando.com

일상의 소중함을 깨닫는 시간
– 가진항, 거진항

홀로 떠난 여행자는 딱히 할 일이 없다.
구경이든 식도락이든 안 하면 그만이니까.

만사 귀찮으면 숙소에 틀어박혀 잠이나 퍼질러 잔다 해도 아깝지 않은 게 여행자의 시간이다.

지금 나는 한적한 항구에 나와 바닷가 사람들의 일상을 구경한다. 일과 사람들로부터 벗어난 이 시간이 참 행복하다. 항구에 도착한 어부들은 하루 일을 마감하며 청소 중이다. 끌어올린 바닷물로 갑판을 반짝반짝 윤이 나도록 닦는다. 당장이라도 출어할 수 있을 듯 깔끔하게 정비된 모습이다. 콧노래까지 흥겨운 걸 보니, 공판장에서 좋은 값에 흥정이 되었나 보다. 고깃배 한 척을 갖는다는 건 어떤 기분일까.

항구 안쪽으로는 아낙네들이 맑은 햇볕 아래 생선을 말리고 그물을 손질한다. 매일 똑같은 일상이겠지만 햇볕 가득한 가진항 사람들을 바라보노라니 일상의 소중함이 느껴진다.

가진항 사람들을 구경하다 문득 거진항에 가봐야겠다는 생각이 들었다. 가진 거진, 거진 가진……. 약 15킬로미터를 사이에 둔 두 항구마을 사이에 무슨 비밀이 있을지도 모른다. 정주민들에게는 퇴화되었을 에뜨랑제 특유의 후각 또는 보헤미안의 육감을 꺼내어 거진항을 향한다.

거진에는 거진항과 동해 바다를 볼 수 있는 공원이 있다. 수평적 시선으로 가진을 보았다면 거진은 위에서 조망해 보리라. 주택가를 가로지르는 계단을 따라 오른다. 초행이지만 구불구불한 동네를 휘적휘적 걷노라니 힘겨운 생활의 그림이 머릿속에 그려진다.

생활을 벗어난 곳에서 남들 살아가는 모습을 보니 비로소 나의 생활도 보이기 시작한다. 아침마다 늦잠과 씨름하며 출근하고, 진한 커피를 섭취하여 전투적으로 일에 집중하는 나는 신경질적이고 날카로운 모습이다. 하루 일을 끝내면 동료를 불러내어 시내 맛집 투어를 한다.
나의 일상을 먼 곳에서 바라보니 살짝 그리워진다. 내 몸은 이미 일상에 길들여진 걸까.
이로써 나에게 에뜨랑제의 후각 따위 없다는 진실이 밝혀졌다.

가진과 거진,
같은 바다를 면하고 살아가는 이들의 일상 외에 다른
비밀은 없었다.

거진항 | 강원도 고성군 거진읍 거진리 | 033-682-2782
거진해맞이산림욕장 | 거진항의 부두 앞에 주차하고 이정표를 따라 3m정도 오른다.

박제된 생명을 봐야 하는 고통
– 송지호

원래는 동해바다였던 몸이다. 그 중간 허리에 모래가 쌓이고 쌓여 언덕을 이루더니 저 혼자 떨어져 나와 호수가 되었다. 호수가 된 바다. 마치 이별을 한 여인 같다.

시간의 흐름에 따라 절로 변화하는 자연의 일에다 사람들은 유치하리만큼 인간적인 감성을 덧씌우곤 한다. 그러나 나쁘지 않은 것 같다. 자연을 그저 객관적으로만 본다면 감동도 없을 테니까. 그러고 보면 송지호는 영락없이 7번국도를 사이에 두고 동해바다를 그리워하는 여인이다.

겨울 호수처럼 을씨년스러운 풍경이 있을까. 송지호는 모든 소통을 중단하고 한 몸으로 얼어붙는다. 새들은 갈 길을 잃어 호수 옆 송림에 숨었다. 겨울을 이곳에서 난다는 고니들의 우아한 날갯짓을 두 눈으로 직접 보고 싶었다. 사람들은 전망대에 올라 혹시라도 하는 마음에 호수를 샅샅이 뒤지는 눈길이다.

날갯짓하는 고니 대신 관망타워 안에 박제된 고니를 발견했다. 이런 친절은 베풀지 않아도 되었을 것을. 상식도 갖추지 못한 방식이다. 생명의 아름다운 감동을 확인하지 못할 바에야 차라리 고니 꼬랑지도 못 보는 게 낫다. 날아오르지 못하는 박제 고니를 굳이 배려한 저의가 의심스러울 지경이다.

송지호 | 강원도 고성군 죽왕면 오봉리 | 033-680-3352 | 송지호에는 4층 높이의 철새관망타워가 있다.

기다림은 명상이다
— 대진등대, 마차진 해변, 초도해변

'최북단'이라는 단어는 한국인에게 슬픔의 정서를 안겨준다. 마지막 남은 분단 국가라는 사실을 동원하지 않아도 60년 가까운 세월의 비애를 늘 복기하며 살기 때문이다.

고성군은 북쪽 육로가 차단된 고장이다. 그런 고성군의 북쪽 끝에 대진 등대가 있다. 북쪽 뱃길을 밝히지 않는 등대를 바라보니 우울하다. 하지만 아파트 7층 높이의 등대 꼭대기에 서면 설악산 너머 북한의 금강산까지 보인다는 등대지기의 말에 기분이 나아졌다. 전망대 역할을 하는 대진등대에서 한참 동안 북쪽을 훑어보았다. 바다에 떠 있는 작은 점까지 친절히 설명을 해주는 등대지기를 대진의 해설사로 임명한다. 마음으로.

대진등대 | 강원도 고성군 현내면 대진리 16-4 | 033-682-0172
초도해변 | 강원도 고성군 현내면 초도리

600미터에 이르는 긴긴 해변을 내어주고 마을은 한참 멀리 떨어져 앉았다.
해 지는 풍경을 보려면 인내 없이는 안 된다.
보고 싶은 마음이 크면 클수록 그 느릿한 속도를 견디지 못한다.
그보다는, 자칫 생각에 빠져 눈앞에서 풍경을 흘려버리기 일쑤다.
이쯤 되면 명상이다.
잡념 버리기. 천천히 주변을 물들이며 가라앉아 내려가는 속도에 마음을 맞추기.
그러다 보면 어느덧 선명한 분홍색 하늘이 펼쳐진다.
기다린다는 건 시간을 버리는 게 아니다.

산방산

알뜨르비행장

제주
– 남서쪽

용암의 뜨거운 기억 속으로

언양길

어느 용암 덩어리에 관한 상상적 고찰
— 산방산

이제 막 한반도에 인간이라는 고등동물이 정착하기 시작했을 때, 돌도끼로 사냥한 고기를 불 위에 구워먹을 줄 아는 똑똑한 동물로 살아가고 있을 그 어느 시기, 바다 밑에서 거대한 불기둥이 솟구친다. 시뻘건 불기둥이 밤바다를 훤히 밝힌다. 밤낮없이 타오르는 용암 덩어리 밑에서 푸른 파도는 미친 듯이 날뛰고, 자욱한 연기가 하늘을 덮어버린다.

세월이 흐른 뒤, 용암 덩어리는 종鐘을 닮은 산이 되어버리고, 그 밑으로 모여든 인간은 마을을 이루어 살아간다.

산방산은 내가 기억하는 그 어떤 산과도 비슷하지 않다. 세월의 흐름 속에서 머리에 풀과 나무를 이고 있으나, 나는 산방산에서 용암 덩어리를 본다. 수십만 년 전의 제주, 땅 위에 한라산이 탄생하기도 전, 제주의 남서쪽 끄트머리 바다로부터 급작스럽게 솟아오른 불기둥을.

마치 세계 탄생의 비밀을 엿본 듯한 짜릿한 감동이다.

산방산 | 제주도 서귀포시 안덕면 북사계리 | 064-794-2940

’시간에 대한 명상
– 사계리 해변

사계리 해변에서 산방산을 제대로 보고 나서야 비로소 제주라는 섬의 신비한 매력을 느낀다. 화산섬 특유의 아름다움 때문이다. 누군가는 한라산 백록담이나 수백 개의 오름에서, 또 누군가는 바닷가의 구멍 숭숭 뚫린 검은 돌에서 이 섬의 신비를 느끼겠지만, 나는 저 우뚝 솟은 산방산에 꽂혔다.

거대한 불덩어리가 생명을 품은 산으로 진화되기까지의 시간에 대해 생각한다. 나의 인생으로는, 아니 인간의 역사로는 헤아릴 수 없는 생사고락(生死苦樂)이기에 위대하다. 그리고 나에게 주어진 시간, 나의 삶을 생각한다. 인생이란 짧은 시간이구나.

이제 소소한 갈등에 휘둘리지 않기를. 타오르는 불기둥을 감싸 안았던 저 바다처럼 넉넉해지기를……

관광객들이 마라도 가는 잠수함을 타기 위해 우르르 빠져나간다. 혼자 남겨진 것처럼 썰렁하다. 산방산 뒤로 완만하게 솟아오른 한라산이 보인다. 오래전 저 산꼭대기에서 불기둥이 하늘로 솟구쳐 오르는 모습을 산방산은 지켜보았겠지.

산방산 지척에 무인도가 있다.
그리고 내가 서 있는 사계리 해변으로부터 고작
2킬로미터 떨어진 바다에 있다.
우애 좋은 형제가 마주보고 있는 것 같다고 해서 사람들은
형제섬이라고 부르지만, 아무도 그 섬의 모래사장을 밟아보지 못했다.
형제섬은 저 화산 기둥이 산이 되어가는 모습도 보았을 테고,
사람들이 해변에서 살아가는 모습도 다 보았겠구나.

형제섬 사이로 해가 뜨고 지는 풍경이 아름답다 하지만
아무도 살지 않는 곳에 떨어지는 노을자락은
얼마나 쓸쓸할까.

stay with sea, stay with coffee

바닷가에는 반드시 안락한 카페가 필요하다. 하루 종일 밖에서 감상해야 한다면 사람들은 금세 녹초가 되고 말 것이다. 통유리로 사계리 해변과 형제섬을 바라볼 수 있는 찻집이 있다. 앞마당에 서 있는 야자수(종려나무) 사이로 바다와 하늘이 펼쳐진다. 신선한 커피콩을 제대로 로스팅한 커피 한 모금을 음미한다. 타임머신을 타고 산방산의 태곳적을 보고 온 터라 팽팽했던 신경줄이 이완되는 것을 느낀다. 두 모금을 마시고 눈을 감았다 뜨니 개운하다. 실내에서 커피잔 부딪히는 소리, 물이 끓는 소리, 커피머신이 커피를 추출하는 소리가 들려온다. 비로소 내가 살고 있는 현대로 돌아왔구나! 커피와 함께 통유리창 너머로 바라보는 바다는 평온하다.

stay with coffee | 제주도 서귀포시 안덕면 사계리 2147-1 | 070-4400-5730

산방산 아래 따듯한 집(JIB)

우리나라에는 왜 게스트하우스 같은 숙박시설이 없느냐고 성토하던 시절이 있었다. 그러나 지금은 전국 어디를 가도 혼자 여행하는 것이 두렵지 않다. 특히 제주에는 가격도 적당히 안정되어 있고 숙소의 질도 좋다. 저마다 독특한 개성을 지닌 게스트하우스가 많다. 산방산이 바라다 보이는 게스트하우스를 찾다가, 집(JIB)에 오니 집에 온 듯 편하다. 여기서는 치즈가 녹아 있는 샌드위치와 방금 내린 커피를 아침식사로 제공하는데, 산방산을 바라보며 먹는 기분이 신선하다. 옥상에 올라 보는 마을 풍경도 놀랍다. 도미토리 방은 쾌적하고 따뜻하다. 방마다 깨끗한 욕실이 있으니 동급 최강 시설이다. 겨울 여행자를 위해 개인용 전기요가 제공된다.

 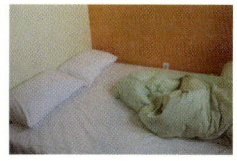

집(JIB) | 제주도 서귀포시 안덕면 사계리 2029-2 | 010-3348-2012 | http://jib2012.com | 4인용 도미토리와 커플룸이 있고 방마다 개인 욕실이 있는 쾌적한 게스트하우스이다.

'미술관 옆 오두막집이라도 좋아라
- 저지리 제주현대미술관, 유리의 성

제주도로 내려간 지인들이 몇몇 있다. 그 중에는 도예를 하는 지인도 있고 그림을 그리는 이도 있다. 내 짐작이지만, 제주도에 전입신고를 한 외지인들의 절반쯤은 예술인일 것 같다.

뭐, 꽃을 찾는 나비처럼 아름다움을 구하는 사람들이 아름다운 곳을 찾아가는 일이야 당연하겠으나, 실제로 그들이 제주에서 어떤 작업들을 하고 있는지는 알 길이 없다.

제주에 예술인들이 모여 산다는 저지리 마을에 대한 귀동냥 덕분에 제주현대미술관을 찾았다. 모던하게 지은 미술관 건물 옥상에서 어서 오라는 듯 손을 내미는 조형물이 눈길을 끈다. 실내 전시관에는 '현대'의 예술가들을 불러들여 기획전을 열고 있고, 야외에는 조각 전시장이 마련되어 있다. 한글을 대형 조각으로 만든 한창조의 작품이 야외 전시장의 좌장 역할을 하고 있다. 몸통은 치타이고 머리는 붉은 장미꽃인 조형물, 머리는 흰 장미에 몸통은 초록 공룡인 조형물이 유머러스하다.(서정국, 김미인의 New Species)

미술관은 저지문화예술인 마을로 바로 연결된다. 조각가 박석원, 화가 박서보 등 예술가들이 살고 있는 동네 안쪽은 제주의 돌담과 송이로 포장된 멋진 산책길이다. 작가들을 직접 만날 기회는 없었지만, 직접 와보니 충분히 이해가 된다. 미술관 옆 오두막집이라도 행복할 것 같다.

그리고 보면 제주에는 유난히 박물관이 많다. 조가비, 봉황솟대, 돌, 화석, 악어, 나비, 석물, 닥종이, 감귤, 자동차, 성문화, 공룡, 초콜릿, 분재, 테디베어…….

이제 인접한 '유리의 성'으로 향한다. 수준 높은 유리공예 작품들을 엄선해 놓았음을 바로 느낄 수 있다. 폭포를 거슬러 오르는 투명한 물고기, 통통한 몸체 위에 붉은 꽃까지 피워 올린 선인장, 싱싱하게 자라나는 콩나물…… 작가는 왜 저런 생명을 표현했을까? 펄떡이는 생명의 한 순간을 '유리'에 저장하고 싶었던 걸까?

바라보는 이는 아슬아슬하다. 작은 충격에도 깨져버릴 것 같은 긴장감 때문에 감상을 방해받는다. 아, 작가는 그걸 의도한 것일까. 투명하게 빛나는 아름다움이 깨어질 수 있다는 두려움까지도 감상의 범주일까. 섬세하다.

나는 멋진 작품들 뒤에 서 있는, 눈에 보이지 않는 작가들을 생각한다.

저지문화예술인마을 | 야외 공연장, 창작 스튜디오, 현대미술관 등 20여 동의 예술인 창작 건축물이 자리 잡고 있다.
제주현대미술관 | 제주도 제주시 한경면 저지14길 38 | 064-710-7801
유리의성 | 제주도 제주시 한경면 저지리 3135-1 | 064-772-7777

아픔은 어떻게 기억되어야 하는가,
– 알뜨르 비행장

알뜨르. 스위스나 프랑스 어디께인가 싶은
이름이지만 실은 '아래 들판'이라는 뜻의 제주 토속어다.
이름만 들어도 목가적인 이 들판은 아닌 게 아니라
감자며 마늘이며 푸성귀가 재배되는 평화로운 곳이다.
띄엄띄엄 엎디어 있는 콘크리트 구조물만 아니라면 말이다.

1920년대 일제는 중국을 공습하기 위해 알뜨르의 곡식들을
밀어내고 비행장을 닦았다. 저 들판에 툭 튀어나온 구조물은
비행기 격납고였다. 이곳은 일본에서 이륙한 전투기가
상하이, 베이징, 난징까지 날아갈 수 있도록 기름을 채워 넣는
중간 기착지였으며, 진주만 공습을 준비하던 가미가제의
조종 훈련소이기도 했다.
멀리서 보면 대피소처럼 보이던 격납고는 가까이 다가갈수록
들판을 향해 아가리를 벌리고 있는 거대한 거북이 같다.
지금은 마늘밭과 감자밭의 경계를 구분 짓는 이정표일 뿐이지만
무밭의 잡초를 뽑아 격납고 안으로 던져 넣다 보니
퇴비 창고로, 탄약고는 감자를 저장하는 창고로 쓰이기도 한다.
세월이 흐르면 상처도 희미해지는 걸까.
곡식 저장고 역할을 하고 있는 격납고는 그다지 섬뜩하지 않다.
외려 우스꽝스럽기조차 하다.
영락없이 등짝에 푸른 잔디밭을 심어놓은 요상한 거북이다.
흉물스러운 콘크리트 구조물을 상상한 내가 무색할 지경이다.
어쩌면 상처가 저절로 낫도록 내버려둬야 할지도
모르겠다. '전쟁의 기억을 간직한 평화공원' 등의 레테르를 붙여
관광지를 조성하느니, 격납고가 흙과 풀에 뒤덮여 조용히 자연의
일부로 돌아가는 모습을 보여주는 편이 나을지도 모른다.
전쟁의 상처를 극복하는 진정한 방법은 그 끔찍한 파괴의 흔적이
자연 안에서 회복되어 가는 과정을 보여주는 것이 아닐까.
나는 알뜨르의 슬픈 기억을 굳이 파헤쳐 기념하지 않기를 바란다.

🚌 **알뜨르비행장** | 제주도 서귀포시 대정읍 상모리 | 064-732-1330, 064-742-8866(제주 종합관광안내)

자연이라는 작품을 담은 그릇
― 비오토피아 미술관

이타미 준. 한국 이름으로는 유동룡. 프랑스 예술문화훈장을 수상한 세계적인 건축가. 그의 작품이 이곳 제주 안덕면에 있다. 제주를 무척 사랑한 재일교포 출신의 이 건축 예술가가 제주를 대표하는 자연(물, 바람, 돌)을 주제로 미술관을 지은 것이다. 내내 별러온 기회였다.

물 미술관에 들어선다. 사각의 틀에 물이 찰랑찰랑 넘쳐흐른다. 아무 장식 없는 콘크리트 벽, 천장은 둥글게 뚫려 있다! 이게 전부다. 바닥엔 물, 위에는 둥근 하늘.

이건 커다란 '물그릇'이다. 물이라는 자연이 작품이고, 미술관은 그 작품을 담는 그릇인 것이다. 자연을 통째로 담은 미술관일 줄이야!

물은 푸른 하늘을 비추고, 태양이 지나가는 모습에 따라 변형되는 그림자를 담고, 구름과 노을과 날아가는 새들을 비춘다.

나는 물을 통해 하늘을 본다. 눈이 오면 눈을 담고, 비가 오면 빗방울을 고스란히 받겠지. 구석 어딘가에서 물 떨어지는 영롱한 소리가 울려 퍼진다. 그 소리는 공간 안에 울려 퍼지면서 청각적으로 '물'의 존재를 확인시킨다.

물그릇에 이어 바람 그릇이다. 이번엔 콘크리트가 아니라 나무다. 나무로 지은 직사각형의 단순한 구조 속으로 들어간다. 마치 오래전에 쓰임을 끝낸 허름한 창고 건물 같다. 그나마 목재 패널은 틈이 모두 벌어져 있어 틈새로 들어온 햇살이 스트라이프 무늬를 이룬다. 돌 위에서 빗금놀이를 하는 햇살이 정겹다.

바람이 패널벽 틈새로 숭숭 들어온다!

그래서 바람 미술관이구나. 바람을 느낄 수 있는 공간. 소리까지 즐긴다. 내 귀에 바람개비가 돌아가는 것 같기도 하고, 해변에서 뿔소라를 귀에 댄 것 같기도 하고, 갈대밭 속에 앉은 것 같기도 하다. 이 공간 안에서 소리와 함께 느끼는 봄바람은 얼마나 부드러울까, 가을바람은 또 얼마나 쓸쓸할까.

돌그릇으로 옮겨 간다. 얕은 개울 위에 녹슨 철재로 지은 외관은 노골적으로 부식의 흔적을 노출하고 있다. 문을 열고 들어서면 깊은 어둠 속에서 자연창이 조명 역할을 한다. 돌은 내부에 없다! 창문으로 밖에다 내놓은 돌을 보아야 한다. 원래 돌의 존재기반은 '야외'니까, 돌이 비바람 속에서 살아가는 모습을 보라는 것이다.

서쪽 창문으로는 하늘과 숲을 배경으로 소원을 비는 손이 돌 위에 얹혀 있고, 동쪽으로 낸 창문으로는 낮은 개울가 잡초를 배경으로 길쭉한 돌이 놓여 있다. 높은 곳에 있는 돌은 높게 보고 낮은 곳에 있는 돌은 시선을 낮추어 보라는 뜻일 게다.

내부에는 매끈하게 다듬은 검은 대리석이 하나 놓여 있다. 연통 모양으로 뚫려 있는 천창에서 내리쬔 햇살이 돌 위에 머문다. 검은 돌 위에 달이 뜬다. 손을 모으고 기원하고 싶다. 나를 위해서가 아닌, 나를 감동케 한 물과 바람과 돌의 영원한 아름다움을 위해.

이타미 준의 네 번째 작품은 두손 미술관이다. 이번에는 자연이 아닌 '손'이다. 그렇다면 인간의 작품을 전시하는 공간이라는 의미일 터. 이때 손은 작품을 창조하는 손일까, 아님 기원하는 손일까. 내가 이타미 준이라면…… 모르겠다. 설명을 보니, 바다와 산방산을 향해 기도를 올리는 손이라 한다. 제주를 사랑하는 그의 마음이 담긴 것이기도 하려니와 지역의 문맥context을 재해석하여 누구나 공감할 수 있는 형식으로 건축물에 담아내는 그만의 방식이기도 하다.

전시장 안으로 들어가면 돌에 뿌리를 내린 나무 한 그루가 있다. 기도하는 간절한 마음으로 나무를 길러낸 것일까. 안드레이 타르코프스키의 영화 〈희생〉의 한 장면이 떠오른다. 추운 겨울, 죽은 나무에 물을 주는 소년.

"아들아, 네 온 마음을 담는다면 죽은 나무도 꽃을 피운단다."

다섯 번째 작품인 방주교회에 도착했을 때 나는 성서 속 노아의 방주가 전하는 강렬한 메시지를 받았다.

'어떠한 절망의 순간에도 한 줄기 희망은 있다. 그것은 곧 자연이고 생명이다.'

자갈을 깔고 물을 찰랑찰랑 채운 바다 위에 서 있는 배 한 척. 물고기의 비늘을 얹은 지붕 위로 햇빛이 쏟아지자 은빛과 청회색 빛의 조각이 반짝인다. 바람이 불어오자 물결이 일렁이면서 노아의 방주는 정중동靜中動의 항해를 시작한다. 징검다리를 건너 교회 안으로 들어가 본다. 세로로 길게 낸 유리 창문을 통해 반사된 물결무늬가 내부로 흘러든다. 물결이 크게 일렁이면 예배당 천장까지 빛 그림자가 닿는다. 아름답다. 적어도 이타미 준이 지은 이 방주 안에서 신은 가장 겸허한 인간의 기도를 받을 수 있을 것 같다.

비오토피아 미술관을 나설 때서야 궁금해졌다. '비오토피아'가 무슨 뜻이지? 리플렛 자료에서 그 단어의 스펠링을 보는 순간 이해가 되었다. 비오는 바이오Bio였고, 토피아는 유토피아의 의미였던 것. 제주에는 생명의 낙원이 있다.

방주교회 | 제주도 서귀포시 안덕면 상천리 427 비오토피아 단지 옆 | 064-794-0611 | www.bangjuchurch.org | 교회 옆에는 카페 '올리브'가 있어 커피 한잔을 앞에 놓고 방주 교회를 감상할 수 있다.

모슬포의 자랑, 방어

모슬포와 방어는 서로 떼어놓고 생각하기 어렵다. 러시아나 일본 바다에서 낚인 놈들은 인생이 잘 안 풀린 케이스이다. 다른 곳에서는 4~5년 자란 방어도 크기가 60센티미터 정도인데, 모슬포 방어는 대개 1미터가 넘어간다.
모슬포 방어는 11월 중순, '최남단 방어축제'에서 화려하게 데뷔한다. 대도시에서 방어 맛을 본 사람들도 물살이 세기로 유명한 모슬포 바다를 휘젓고 다니느라 근육이 쫄깃한 모슬포 방어 맛에 놀란다. 게다가 제주의 그 유명한 자리돔을 먹고 자랐으니 지방이 도톰하게 올라 씹으면 씹을수록 고소한 맛이 난다.

11월의 겨울바람이 매서운 날, '최남단 방어축제'가 휩쓸고 간 모슬포 부둣가를 서성인다. 한산한 항구에 만국기 깃발들이 펄럭이는 걸 보니 축제 끝난 뒤의 쓸쓸함을 더한다. 따듯한 밥집이 그리워지는 시간이다. 식당을 기웃기웃하다가 손님 많이 든 집을 골라 들어선다.
조림이나 구이를 시키기에는 양이 많을 것 같아 망설이는데, 눈치 빠른 주인아저씨 "그냥 방어회 1인분 주문하슈!" 한다.
'그냥'이라는 표현에는 방어회, 매운탕, 밑반찬까지 포함되어 있으니 '고민하지 말고 믿고 주문하라'는 뜻임을 음식이 나오고서야 알았다. 만선으로 돌아온 어부처럼 허리띠 풀어놓고 포식한다.

부두식당 | 제주도 서귀포시 대정읍 하모리 770 | 064-794-1223 | 생선조림 전문이지만 겨울에는 방어회, 방어머리구이 등의 메뉴가 추가되고 1인용코스도 있다.

생명의 낙원, 비오토피아

이건 요령이다. 이타미 준이 설계한 타운하우스 '비오토피아'에 가볼 일이 있다면 점심 예약을 하는 것이 좋다. 비오토피아는 사유지이고 보안도 남다른 곳이기 때문이다. 비오토피아의 커뮤니티 센터에 있는 레스토랑은 왕새우튀김(포도호텔과 같은 메뉴이다.)이 유명하다. 어른손 만큼 큰 새우 하나를 통째로 튀겼다.

고르곤졸라피자는 도우를 다루는 솜씨가 최상이다. 모짜렐라 치즈가 녹아든 도우는 비스킷처럼 바삭하게 구워져 고소하고 담백하다. 적당히 숙성된 고르곤졸라 치즈를 뿌려 화덕에 구운 솜씨에서 내공이 느껴진다. 토핑은 최대한 자제하였다. 다 먹고 난 후의 식탁이 그 맛을 증명한다.

비오토피아 레스토랑 | 제주도 서귀포시 안덕면 상천리 산 62-3 | 064-793-6000 | 비오토피아 출입구 경비업체에 레스토랑 예약임을 알려주어야 한다.

속내를 다 드러내볼까?
– 수월봉 엉앙길

수월봉에 오른다. 남쪽에서 올라오는 태풍 소식을 제일 먼저 전한다는 고산기상대가 있다. 낚시꾼들을 불러들인다는 차귀도, 눈섬, 당산봉, 산방산 그리고 저 멀리 한라산까지 제주 서부지역이 한눈에 들어온다.

탁 트인 풍경을 마주하고 있으니 사람이 그립다. 바다가 보이는 정자에 앉아 속 깊은 이야기 한 자락 담담히 들려주고 싶다. 나는 요즘 이런 고민이 있다고……. 속내를 드러내지 않는 사람과 사귀는 일은 60센티 막대자를 서로의 어깨에 댄 채 길을 가는 것 같다. 더 가까이 다가가면 막대자가 부러진다. 놀란 상대는 안전거리 밖으로 달아나버린다. 그들과 잘 지내려면 가까워지지 않도록 신경을 써야 한다.

그대로 노출되어 있는 것을 보았다. 용암이 얼마나 빠른 속도로 쓸려갔기에 수십만 년 전의 흔적이 저토록 디테일할까 싶었다. 세계에서 보기 드문 화산쇄석암이라는 정보를 미리 챙겨듣지 못했다면, 누군가 진흙에다 흰 페인트를 대충 섞어 길게 발라놓았다고 생각했을지도 모른다.

당당히 제 속내를 드러내고 있는 모습이 후련하다. 어쩌면 고백을 하고 싶었던 걸까?

'이건 땅 위의 생명을 휩쓸고 내려간 흔적이다. 잔혹한 토벌의 증거다.'

지나치게 인간 중심적인 해석이다. 나는 사물이나 자연을 사람으로 치환하는 습관을 고쳐야 한다. 그러나 지금 외로운 나에게 먼저 속내를 보여준 건 절벽이었다.

🚌 **수월봉** : 제주도, 제주시 한경면 고산리 (064-770-3201). 자구내포구에서 출발하여 해안용암과 주상절리, 엉도진과 화산쇄설암, 수월봉까지 이르는 길은 1시간 정도의 산책길이다.
수월봉 화산쇄설암 : 천연기념물 제513호. 화산 폭발이 일어나면서 방출된 화산분출물이 쌓여 만든 다양한 모양의 화산쇄설암을 관찰할 수 있는 세계지질공원으로 선정된 곳이다.

마을을 둘러본다. 어딜 가나 돌이 있다.
논밭의 경계로 쌓은 돌담,
집 주위를 에워싼 집담, 무덤 주위에 쌓은 산담…….
철대문 앞에 무심히 얹어놓은 돌,
귤창고 시멘트 담벼락에도 돌을 넣었다.
제주 사람들은 삶 속에서 돌의 미적 감각을 키웠나 보다.

생활의 예술이다.
그 감각을 배워간다.
나의 삶으로 복귀!

조선내화공장, 이훈동 정원

구)일본영사관(목포문화원)　　　　　　　　　　　목포근대역사관

목포항

자은도

다순금 마을

목포
그리움이 정박 중인 항구에서

김환기 생가(안좌도)

팔금도 해변

암태도 추포도

˒눈을 씻으러 떠나는 길

불현듯 불안해지는 순간이 있다.
내 안에 갈구하는 시선이 없을 때,
대상으로부터 새로움을 발견하지 못할 때,
어느덧 생활에 익숙해져서 '눈'이 빛나지 않을 때……

위기에서 탈출하는 가장 빠른 길은 새로움이다.
다시 보고, 뒤집어보고, 궁리하고, 도전하고……
더욱이 취미를 업業으로 선택한 자는 변명의 여지가 없다.
"자신만의 독특한 이야기는 어디에 있다는 건가?"
"이미지 안의 모든 것은 이유가 있어야 해."
늦깎이로 사진을 배우기 시작했을 때 교수님의
송곳 같은 질문이 떠오른다.
사진으로 마음을 담는 일은 날이 갈수록 어려워진다.
방금 찍은 사진 속에서도 갈팡질팡하는 내가 보인다.

별 수 없이 가방을 꾸린다. 행선지는 목포.
웅숭깊은 목포의 풍경 속에서 안구정화하고 와야 할 것 같다.
쉬러 가는 길이 아니라 공부하러 가는 길이니까 이번 길은
'여행' 아닌 '학행學行'이다.

’그리운 따순 동네를 가다
– 온금동 다순금 마을

목포는 나에게 화려한 관광지가 아니다.
다양한 볼거리나 즐길거리가 필요했다면 아마 다른 도시를 찾았을 것이다.
목포는 헌책방 같은 곳이다. 과거의 시간을 만날 수 있는 도시.
동대문 풍물시장에서 오래된 물건을 구경하거나 경복궁 근처
서촌마을을 산책할 때처럼 마음이 고요해지고 촉촉해지는 곳이다.

목포에 닿자마자 향한 곳은 온금동이다. 햇볕이 '다순' 동네, 다순금. 유달산 자락에 옹기종기 어깨를 기댄 지붕들이 보이고, 비탈길 아래 갯벌과 바다가 마당처럼 펼쳐진 어촌마을.

두 명이 나란히 걸어가면 꽉 차는 골목으로 들어선다. 50미터 전방을 볼 수 없을 만큼 구불구불한 골목은 어디로 이어지는지 알 수 없을 정도로 복잡하다. 슬레이트 지붕 아래 얼룩진 담벼락, 낡은 전신주, 함지박 가득 조개를 머리에 이고 올랐을 돌계단…… 곳곳에서 지난날의 고단했던 삶이 느껴진다.

할머니 한 분이 푸성귀를 들고 집 안으로 들어간다. 황토색으로 덧바른 나무 대문에는 이미 감출 수 없는 깊은 주름이 패어 있다. 온금동의 100년 역사를 함께했을 법한 대문에 문고리가 없다. 아마도 출입구의 기능을 상실한 나무 대문을 옆구리에 낸 쪽문이 대신하고 있을 터. 쪽문 안쪽으로 작은 마당 끝에 알루미늄 마루문이 보인다. 저 마루문을 열면 상추쌈 점심을 드시는 할머니의 모습을 볼 수 있을 것 같다.

골목을 돌아다니는 동안 주민은 거의 만나지 못했다. 재정비촉진지구로 지정되어 벌써 많은 사람들이 집을 팔고 이 달동네를 떠났다 한다. 다순금은 이제 곧 사라질 것이고, 그 자리에 번듯한 택지가 들어서겠지.

아쉬워 말자. 세상이 다 변하는데 언제까지 이곳만 예전 그대로이길 바라겠는가. 다순금 마을이 과거의 흔적을 찾는 이방인의 낭만을 위해 존재해야 할 이유는 없다. 이 터전은 새로운 삶을 증명하는 공간으로 거듭나겠지. 나의 기억 속에 존재하게 될 다순금 골목을 꾹꾹 밟으며 걷는다.

'가치'의 다른 이름은 새로움이다
− 조선내화 공장, 이훈동 정원

그러고 보면 목포와 비슷한 정서를 지닌 도시들이 있다. 인천과 군산. 과거 근대의 역사를 증거하는 서쪽 해안 도시들을 방문할 때면 근대박람회장에 온 것 같은 느낌을 받는다.

번듯한 항구를 지닌 도시는 국가의 운명과 한 파도를 타는 것인가.

목포는 일찌감치 개항하여 외세의 문물을 가장 먼저 흡수한 곳이지만 동시에 물자 수탈의 전초지라는 굴욕을 맛보아야 했다. 목포가 간직한 이국적인 매력이 애잔하다.

온금동 비탈길을 내려오면 일제 강점기에 건축된 벽돌공장을 만난다. 이제 더 이상 굴뚝 연기를 볼 수 없는 이 공장은 1938년 일본의 군수자금으로 지어진, 일제의 침탈에 동원된 건물이다. 항구를 끼고 살아온 바닷가 사람들을 공장 노동자로 이끌었던 벽돌공장은 해방 후 내화 도자기와 유리를 생산하는 조선내화주식회사로 거듭나면서 목포의 대표기업으로 한 시대를 풍미했다.

시대의 역사물이 되어버린 공장을 떠나 이훈동 정원으로 향한다. 일제 강점기한 일본인이 가옥은 조선의 서원書院 양식으로 하고 정원은 일본의 양식으로 가꾼 이 집을 조선내화의 이훈동 사장이 1950년대에 사들였다 한다.

일본식 정원의 사료적 가치를 인정받아 문화재 자료로 지정되면서, 이름도 '이훈동 집'이 아닌 '이훈동 정원'이 되었다. 세월이 지나면서 이제 일본식 정원의 특성은 사라졌으나, 후원의 높은 곳에 올라 조망하면 16밀리 렌즈로도 정원을 담기 힘들 만큼 무성하고 아름답다.

언뜻 보기에도 수십 종이 넘을 듯한 나무들은 저마다 연륜을 내뿜는다. 그 중에서 돋보이는 건 지붕을 덮을 듯 솟아 있는 일본산 향나무 두 그루. 정원을 꾸미느라 일부러 심은 게 아니라 일본에서 화산이 폭발했을 때 날아온 씨가 자생한 것으로 보인다는데, 믿기지 않는다.

씨가 저 홀로 바다 건너 날아왔다니…….

그것도 하필이면 일본식으로 꾸민 이 정원에 자리를 잡았다니, 우연을 가장한 필연인가.

🚌 **이훈동 정원** | 전남 목포시 유달동 4-1 | 개인주택이기 때문에 바로 앞에 있는 성옥문화재단(전화: 061-244-2529)에 신청한 후 관람할 수 있다. 평일 오전10시에서 오후 4시 사이 신청자에 한해 관람할 수 있다.

구보씨, 목포를 거닐다
– 일본영사관, 근대역사관 건물

소설 《구보씨의 일일》에서 소설가 박태원은 주인공 '구보'씨를 앞세워 1940년대의 경성 거리를 배회한다.

고독한 구보씨는 광교 천변에서 종로를 거쳐 동대문, 남대문, 경성역, 그리고 다시 종로통으로 쏘다니면서 '행복'에 대해 생각한다.

목포 시내를 어슬렁거리는 나는 마치 목포의 구보씨가 된 것 같다. 소설가 박태원과 같은 예술가 정신을 흉내 낼 수는 없지만, 근대의 유물이 남아 있는 이 거리에서만큼은 누구나 구보씨가 되어 산책할 수 있다.

구보씨는 차를 마시면서 목포의 구시가지를 감상한다. 창문 너머 올려다본 붉은 벽돌 건물은 단아하고 멋스럽다. 이 건물이 일제 당시 일본영사관이었다지. 쇠락한 벽돌공장에서의 세월이 이 건물에서는 느껴지지 않는다. 흰색과 붉은 벽돌을 교대로 사용한 창문의 아치, 좌우 대칭의 견고한 파사드에서 르네상스 양식의 아름다움을 본다. 그러나 곧 우울해지고 만다. 우아한 외관의 디자인은 바로 일장기와 욱일승천기를 디자인한 것이지 않은가. 구보씨, 아니 박태원 작가가 느꼈을 식민지 지식인의 우울이라는 게 이런 감정일까?

찻집을 나와 근대역사관을 향한다. 우리에겐 아픈 그 이름 '동양척식주식회사' 건물이다. 1920년에 지은 건물인데 앞으로도 100년은 제 자리를 지킬 것처럼 튼튼하다. 일본을 상징하는 태양과 벚꽃 문양이 새겨져 있는 정문 벽면을 나도 모르게 외면한다. 아름다움만 인정하자……

들어서니 약탈한 조선의 물자를 보관하던 금고가 그대로 남아있다. 학살의 순간을 포착한 생생한 사진을 둘러보다 눈을 질끈 감는다.

구일본영사관 | 전남 목포시 대의동 2가 15
목포근대역사관 | 전남 목포시 중앙동 2가 6번지

오래된 한옥, 목포1935 / 행복이가득한집

혼자 여행을 다니면서 가장 걱정되는 건 잠자리이다. 목포에 올 때마다 아쉬웠던 것은 먹거리도 볼거리도 아닌, 바로 편안한 잠자리였다. 그러나 이제는 쾌적한 잠을 보장받을 수 있는 게스트하우스가 생겨나 반갑다.

오래된 한옥을 건축가가 개조한 '목포 1935'는 한옥 호텔과 도미토리로 이용할 수 있다. 경기도식으로 건축된 이 가옥은 원래 1935년에 지은 '춘회당한약방'으로, 카페 봄을 겸하고 있다. 한옥의 천장을 모두 드러내고 트러스트 구조로 인테리어를 한 카페는 클래식하면서도 모던하다. 수시로 전시회와 음악회가 열린다. 남도 음식을 정갈하게 내놓는 저녁 시간에는 술도 판매한다.

🚌 **목포1935** | 전남 목포시 영산로 59번길 35-6(죽동)/목포시 죽동 49-2 | 061-243-1935

일본식 가옥을 개조한 카페 '행복이가득한집'은 가장 목포다운 찻집이다. 찻집이라기보다는 깔끔한 개인집 같은데, 잘 관리된 정원과 엔틱 가구로 인테리어된 실내 분위기는 근대적 분위기가 물씬 배어난다. 나무로 된 바닥에 나무 기둥과 나무격자로 된 창…… 전문가의 포스가 느껴지는 주인의 안목을 엿볼 수 있는 인테리어 소품으로 눈요기가 심심치 않다.

🚌 **행복이가득한집** | 전남 목포시 중앙동 1가 3-1 | 061-247-5887

목포의 맛, 인동주마을/코롬방제과

홍어, 세발낙지, 민어, 갈치조림, 꽃게…… 이 바다 생물들은 목포를 대표한다. 이왕이면 모두 다 맛보고 싶지만 한 번에 해결할 수 없으니 두 가지, 홍어와 간장게장을 선택한다.

고 김대중 대통령이 자주 찾았다는 인동주마을에서는 메뉴를 고를 필요가 없다. 몇 인분인지만 알려주면 떡하니 한상차림이 차려진다. 홍어삼합과 간장게장이 주인공이지만, 감태무침과 가오리무침, 멸치볶음도 모두 수준급이다. 홍어 마니아가 아니어도 인동주마을의 홍어회는 적당히 삭힌 맛이어서 도전 가능하다. 이때 빼놓아선 안 되는 것은 인동주 한 사발. 인동초를 넣어 발효한 약주는 특허까지 받은 이 집의 자존심으로, 목포까지 갈 수 없다면 택배로 배달받을 수 있다.

인동주마을 | 전남 목포시 옥암동 1041-7번지 | 061-284-4068 | www.indongju.k

전국 어느 제과점엘 가도, 아니 바다를 끼고 있는 제과점일지라도 해산물을 제대로 응용한 곳은 드물다. 해산물이 아무리 싱싱해도 특유의 바다 향기를 고소한 빵에 섞는다는 건 여간해선 도전하기 어려울 듯하다. 그 맛을 상상하는 것도 쉽지 않다.

목포의 코롬방제과는 새우가루를 넣은 바게트로 유명하다. since 1949. 64년의 전통을 자랑하는 유서 깊은 코롬방제과는 국내에서 생크림을 최초로 사용한 제과점으로 더 알려졌다. 프랜차이즈 제과점들의 공략에도 건재한 이 빵집의 또 다른 대표선수는 치즈타르트.

코롬방제과 | 전남 목포시 무안동 061-243-2161

목포는 살아 있다
―목포항

버스를 타고 목포역을 향해 가는 내내 소설 속 구보씨를 생각한다. 구보씨는 화신백화점이 있던 종로에서 동대문까지 전차를 타고 이동했었지. 목포에도 전찻길이 있었더라면, 하는 아쉬움이 따른다.

목포역사 뒤에는 옛 철길이 남아 있다. 목포역에서 삼학도 부두까지 이어지는 철길이다. 얼마 전까지도 화물열차가 그 명맥을 유지하고 있었으나 이제는 그 위로 아무것도 지나가지 않는다. 일렬로 줄지어선 상가와 찻길 사이에 누워 있는 레일이 무료해 보인다. 이제 퇴물이 되어버린 건가. 더 이상 쓰임새를 얻지 못한 철로는 이제 곧 사라지겠지.

조심스럽게 빌어본다. 이 늙은 철로에게 새로운 쓰임새가 주어지기를.

근대의 흔적을 제거하지 않으면서 목포를 빛낼 만한 새 기능을 되찾기를…….

어느새 목포에 밤이 내린다. 유달산 능선을 따라 조명을 밝혀놓은 야경, 밤바다를 밝히는 항구의 불빛, 바다 위에 떠 있는 배로부터 반사되는 불빛들로 목포는 급격히 활기를 띤다. 꿈틀거리는 목포를 보는 것 같다. 긴 낮잠에서 깨어나 밤배를 띄우는 어부처럼.

"목포는 항~구다. 목포는 항구~다. 똑딱선이 운다~"
어디선가 들려오는 구성진 노랫소리를 들으며 나, 구보씨는 항구를 향해 발길을 돌린다.

'목포는 항구다!
― 목포연안여객선터미널

여수로 떠나갈까 제주로 갈까

비 젖은 선창머리 돛대를 달고

그리운 내 고향 목포는 항구다

목포는 항구다 이별의 부두

목포가 낳은 가수 이난영의 대표곡 〈목포는 항구다〉. 부모 세대들이 즐겨 부르는 전통가요라 그다지 와 닿지 않았는데, 정작 목포에 와서 노래를 들어보니 노랫말이 입에 척척 감긴다.

"여수로 떠나갈까 제주로 갈까~"

여객선터미널에 서서 살펴보니, 목포항은 남서쪽 바다에 뿌려진 숱한 섬으로 향하는 육지의 마지막 관문 같다. 흑산도, 홍도, 가거도, 비금도, 우이도…… 하긴, 3,200여 개에 이르는 우리나라의 섬 중 3분의 1이 넘는 1,004개의 섬으로 이루어진 신안군이 목포 앞바다에 있지 않은가. "목포는 항구다"라는 제목도 가슴에 딱 꽂힌다. 아름다운 시 구절을 만났을 때처럼 찌릿하다.

사실대로 털어놓자면 이 노래 제목이 늘 마땅치 않았다. 당연히 목포는 항구를 품은 도시인데 그저 '목포=항구'라니, 비논리적이다. 아귀가 맞지 않는 문짝처럼 삐걱거린다. 그런데 여기, 여객선터미널에서 비로소 그 뜻을 헤아릴 수 있었다. 목포는 항구다!

나는 어느새 신안군의 어느 섬으로 가는 표를 끊고 있었다.

신안군 | http://tour.shinan.go.kr | 목포연안 여객선터미널에서 출발하는 배는 안좌도 산착장, 송공선착장에서 떠나는 배는 암태도 오도선착장과 팔금도 고산선착장 두 곳을 운행한다. 안좌·팔금·암태·자은도를 재의 공용버스가 구석구석 운행한다. | 운행료 : 1,000원

안좌도에서는 바람도 어둠도 예술이다
− 안좌도

예전에는 안좌도, 팔금도, 암태도, 자은도였다.
지금은 안좌도-팔금도-암태도-자은도이다.
뚝뚝 떨어져 있던 섬들이 세 개의 다리(-)로 연결되었다.

다정히 손잡은 네 개의 섬이 궁금했다.
가장 먼저 찾은 안좌도는 처음부터 나를 깜짝 놀라게 했다. 선착장에서부터 이곳이 세계적인 서양화가 김환기의 고향임을 알 수 있는 퍼포먼스가 이어지고 있었기 때문이다.
선착장에는 〈사슴〉 작품이 그려져 있고, 터미널의 외벽에는 알록달록한 점으로 꾸며져 있고(뉴욕에서 생을 다하기 전까지 몰두했던 그림방식이었다), 마을 창고 위에는 〈항아리와 여인들〉, 마을 담벼락 위에는 〈날으는 새 두 마리〉…….

마을 전체가 김환기 화가의 캔버스가 된 것 같다.

마을 중간에 자리한 김환기 화가의 생가는 그다지 볼만 한 것은 없으나, 집 안에서 그의 그림 못지않게 의미 있는 작품들을 만날 수 있었다. 안좌초등학교에서 매년 개최하는 '김환기 화백 그림그리기 대회' 출품작 몇 개가 생가에 전시되어 있었던 것.

도시 아이들이 미술학원에서 배운 솜씨와는 전혀 다른 개성을 보인다. 그림 사이에 "안좌도에서는 바람도 어둠도 예술"이라고 쓴 글귀가 눈에 띈다. 조만간 안좌도에서 제2의 김환기가 탄생할지도 모른다는 생각이 든다. 이곳 마을 사람들의 미술 사랑에 비하면 그게 지당한 것 같기도 하다.

고인돌이 있다는 마을로 향했다. 말로만 듣던 '고인돌'을 안좌도에서 처음 대면하는 순간, 너무 평범해서 살짝 실망했다. 지방문화재 자료라는 안내판과 보호 울타리가 없었다면 이 청동기 시대의 유물을 알아보지 못했을 것이다. 그저 커다란 바위로 보이는 나의 한심한 문화적 안목을 탓하면서 마을을 빠져나오는데, 아니 이건 무슨 풍경이란 말인가. 마을 어르신들이 고인돌 위에 떡하니 엉덩이를 붙이고 앉아 한담을 나누는 것이 아닌가!

허를 찔리고 말았다. 고인돌의 역사적 가치란 문화인류학자들의 일이다. 수천 년 동안 주민들에게는 넓적하니 앉아 쉬어가기에 좋은 평상일 뿐이다. 나의 고정관념이 조롱을 당하는 순간이었다.

김환기 생가 | 전남 신안군 안좌면 읍동리 966

신안 그대로의 소박한 밥상

아침과 점심 사이, 김환기 생가 근처 식당에서 백반을 주문한다. 백반은 그 지역 주민들의 입맛을 그대로 느낄 수 있는 메뉴다. 그야말로 '집밥'을 만날 수 있다.
갓 지은 흰쌀밥에 미역, 나물, 계란프라이, 멸치, 마른새우…… 일상적인 열 가지의 반찬으로 상이 가득하다. 오색이 골고루 배합된 반찬이 시각을 자극하고 새콤달콤 고소한 냄새들이 후각을 자극하는 순간, 때 이른 허기가 몰려온다.
밥 한 공기 뚝딱 비워낸 뒤에야 메뉴판 밑에 붙은 문구가 눈에 들어온다.
"신안에서 나는 식재료들로 신안의 음식을 만듭니다."
특별한 반찬도 아니고 그 맛도 특별하지 않은데, 먹으면 먹을수록 감칠맛을 돋웠던 건 역시 신안에서 난 신선한 재료 덕분이었나 보다. 그야말로 건강 식단이다.

봉선화 식당 | 전남 신안군 안좌면 읍동리 1107-4 | 061-261-3485

여행을 가면 뭔가 특별한 것을 먹고 싶기 마련이다. 그 지역의 특산물, 맛 집을 조사해서 밥 시간대를 비껴서더라도 꼭 들려보기 마련이다. 바닷가에 왔다면 기본적으로 회를 생각 할 수 있겠지만, 그에 못 지않게 대표적인 음식이 바로 '짬뽕' 아닐까. 어디서나 오 분만에 배달되어 오는 중국집이 뭐 별거 있 겠나 하지만 바다 근처에서는 해산물에 대한 특별한 기대치가 있기 마련이다.

역시 기대를 저버리지 않고 새우와 갑오징어, 전복까지 가득 든 짬뽕은 깔끔하고 시원한 국물 맛을 선보인다. 혹 양파를 잘 못 먹는 사람이더라도 중국집에서나마 자은도 산 생양파는 꼭 한 번 먹어 보 길. 양파의 단맛이 어떤 건지 알 수 있다.

중국성 | 전남 신안군 자은면 구영리 193 | 061-271-4711

손에 잡힐 듯 가까운 두 섬.
작은 배로 노 저어 건너야 했던 섬.
할아버지 당을 섬기는 반월도는 할배섬,
할머니 당을 섬기는 박지도는 할매섬.

천사의 다리, 안좌도와 할배섬과 할매섬을 잇는 나무다리가 놓였다.
안개 자욱한 바다 위에 운치 있게 드려진 다리를 건너본다.
천사의 다리를 건너 동화 속으로 걸어 들어간다.

,나만의 바닷가를 가지다
— 팔금도 해변

바다는 작은 해변을 숨기고 있다. 해변은 안쪽으로 쑥 들어와 있고
바다 앞으로 섬들이 겹겹이 두르고 있는 모양이 극히 내성적인 구조다.
눈을 감는다. 작은 해변은 요람이 된다. 나만의 바다가 된다.
아무도 몰래, 은밀히 찾아올 만한 바닷가 하나를 얻었다.

깨어 있는 사람들
– 암태도, 추포도

"동리마다 농민야학이 있어 남녀노소 할 것 없이 모두 배우므로 국문편지 한 장씩은 다 볼 줄 알며 쓸 줄도 안다. 다도해 방면 다른 섬에서는 이 섬을 가리켜 이상향이라고 부른다." -동아일보, 1928년 8월 15일자.

육지로부터 먼 섬은 낙후되었다는 인식은 수정되어야 한다. 이미 일제 강점기에 암태도 사람들은 문맹을 퇴치했고, 사회의 정의를 깨우치고 있었다. 암태도로 들어가는 큰길 중앙에 있는 소작쟁이항쟁기념탑이 증명한다.

이 기념비는 일제가 과다한 소작료를 징수한 데 대한 소작인들의 봉기를 기념한 것으로, 1년간의 치열한 항일 농민항쟁으로 이어졌다. 나라를 잃은 백성이 부당함에 맞서 싸운다는 건 단순히 '용감하다'는 찬사로는 부족하다. 강자에 맞서는 약자는 자신의 모든 걸 걸지 않으면 안 되니까.

암태도에 딸린 새끼 섬 추포도. 80여 명이 살고 있다는 이 작은 섬을 가지 않을 수 없었다. 썰물 때면 드러난다는, 수천 개의 자연석으로 쌓은 노둣길이 있었기 때문이다. 헌데 350년 전에 만들어진 노둣길이 있고, 13년 전에 만든 시멘트 노둣길이 있다. 후자로는 물때와 상관없이 건널 수 있지만 전자의 쾌감을 따를 수는 없으리라.

물고기를 잡으려면 기다려야 한다
― 자은도

바다는 오늘 나에게 기다림을 말한다.
가득 찰 때까지 기다리고 다시 남김없이 비울 때까지 기다리라고
선문답이다.

이 섬에서 서둘러서는 아무것도 얻을 수 없다. 이곳의 볼거리는 모두 밀물과 썰물이 만들어내는 것이어서, 물때가 맞을 때까지는 독살이든 노둣길이든 열어주지 않는다. 물길은 아주 서서히 닫히고 서서히 열린다. 기다리자고 작정한 바에는 아예 자리를 잡고서 무념무상에 빠져버리는 게 낫다. 쉽지는 않겠지만……

자은도는 밀물과 썰물의 차를 잘 활용해서 고기를 잡는다. 밀물 때 바닷물과 함께 들어온 물고기가 썰물과 함께 빠져나가지 못하도록 돌담을 쌓는 '독살'을 채택했다. 독살의 원형을 보여주는 할미섬 독살은 무려 120년의 역사를 지니고 있을 뿐만 아니라 세 개의 긴 돌담으로 약 3만 평이나 되는 넓이를 자랑한다. 국내 최대 규모의 독살이란다.

기다리기만 하면 바다는 약속을 지킨다. 그 기다림의 끝에 얻는 보상은 달콤하다. 아이스크림이 녹듯이 바닷길이 열린다. 너무도 부드럽게 변모하는 풍경, 분절되지 않는 풍경에 나는 속수무책으로 당한다.

조급하게 안달을 해선 안 될 일이다…….
큰 깨달음이라고 생각하고 보니, 너무 당연한 말이다. 누구나 할 수 있는 생각 아닌가. 평상시에 스스로를 닦달할 때 위로하던 말 아닌가. 그러나 자은도 바닷가에서 배운 그것은 입으로 말할 수 있는 것이 아니다 가슴에 새겨진 그 무엇이다.

이 기다림의 미학을 도시에서 발휘할 수 있을까?
그러기를 바란다.

순천

노을 물든 갈대숲에
숨어들다

○ 와온해변

무진기행을 떠나다
― 순천만 자연생태공원

"앞으로 오빠라고 부를 테니까 절 서울로 데려가주시겠어요?"
여자는 '빽이 좋고 돈 많은 과부'와 결혼한 남자에게서 자신의 세속적 욕망을 충족시키려 한다. 그것은 무진이라는 무료한 마을에서 벗어나 서울로 가는 것. 여자에게 서울이란 일종의 비상구였다. 남자와 여자는 서로의 모습을 통해 현실에 타협하는 자신을 확인하는 동시에 애정을 느낀다.
김승옥의 소설 〈무진기행〉은 두 남녀의 만남을 통해 우리 안에 숨겨진 속물성에 대해 이야기한다.
'속물俗物'의 사전적 의미는 "교양이 없거나 식견이 좁고 세속적인 일에만 신경을 쓰는 사람"이다. 그 풀이에 따른다면, 나를 포함한 주변 사람들은 모두 속물이다. 교양을 갖추고 식견이 넓고 세속적이지 않은 일에 신경을 쓰는 사람의 얼굴을 나는 떠올릴 수 없다.
속물이냐 아니냐 하는 근본적인 질문은 무의미할지도 모른다. 세상 그 누구도 돈과 명예와 권력으로부터 자유로울 수는 없으니까. 문제는 세속적 욕망을 얼마나 통제할 수 있느냐 하는 것이 아닐까.
내 안의 욕망에 대해 생각해본다. 나름 프로페셔널이라는 평가도 받으며 살고 있지만, 그동안 나의 교양과 식견은 가난해졌다. 돈이 되는 일과 안 되는 일, 도움을 받을 사람과 줘야 할 사람은 쉽게 파악하지만 타인에 대한 이해나 관심은 점점 무뎌져간다. 이렇게 살아도 되나 싶다.
〈무진기행〉의 여자는 말한다.
"자기 자신이 싫어지는 것을 경험하신 적이 있으세요?"
내 속의 그 무엇을 찌르는 듯한 대사다. 자기 안의 속물성으로 인해 갈등을 느껴본 자의 말. 자신의 속물성을 솔직히 인정한다는 것은 얼마나 어려운 일인가.

여자와 남자가 만난 그 무진으로 가야겠다. 갈대밭 속에 숨어 나의 치부를 열어봐야겠다.

,
안개 없는
안개나루에서 본 빛의 조화
— 순천만 자연생태공원 갈대숲

무진霧津이라는 도시는 실재하지 않는다. 소설가 김승옥이 고향인 순천을 모델로 한 가상의 도시다. 그러나 무진이 아예 없는 것도 아니다. 순천만 갈대밭으로 가는 공원 입구에 안개나루霧津가 있으니.

내심 기대했던 광경은 따로 있었다. 소설 속에서 무진의 명산물이라고 했던 안개. '밤사이에 진주해온 적군들'처럼 무진을 뼁 둘러싸고 있는 안개, 혹은 '이승에 한이 있어서 매일 밤 찾아오는 여귀가 뿜어내놓은 입김' 같은 안개는 거기에 없었다.

나처럼 〈무진기행〉의 그 몽환적인 안개를 보기 위해 순천만을 찾는 이들이 많았을 터. 그러나 원래 이곳은 안개가 자욱한 기후가 아니며, 소설가가 자신의 고향인 순천만을 무대로 하면서 안개라는 상상을 보탠 것이다. 소설을 현실로 믿어버린 내 잘못이지만, 아쉬운 건 어쩔 수가 없다.

대신 푸른 갈대밭을 얻었다. 언제나 늦가을의 황금빛 갈대만을 봐왔던 나의 눈에 푸른 갈대는 신선한 광경이다. 더욱이 지난겨울 갈대를 모두 베어내지 않은 황금빛 갈대가 군데군데 군락으로 남겨져 있어 푸른 갈대숲과 환상적인 색감의 조화를 이루고 있다. 포토샵의 CMYK 컬러로는 만들어낼 수 없는 표현이다. 갈대에 반사되는 빛과 그림자, 바람에 반짝이는 이파리의 변주가 어우러진 색을 어떻게 기계적으로 재현한단 말인가. 그저 느낌만 가져갈 뿐이다.

순천만 자연생태공원 | 전남 순천시 대대동 162-2 | 061-744-8111 | 입장료 : 2,000원 | 관람시간 : 09:00~21:00(공원은 일몰시, 천문대 22:00) | 휴관일 : 매주 월요일

뱃길 끝에서 만난 노을
— 용산전망대와 대대포구

무진교를 건너 갈대밭 사이로 걷는다. 나무 데크길을 걷다 보니 갈대숲에 파묻힌 느낌은 덜하지만 람사르 협약에 의해 보호받는 습지로 지정되었으니, 이 정도 섭섭함은 감수할 일이다. 습지가 점점 사라져가는 판국에 70만 평 규모의 넓은 갈대숲이 보전되고 있다는 건 감사한 일이다.

약속과 규정을 만들어놓지 않으면 자연에게 무례한 인간은 개발이라는 이름으로 생명을 훼손한다. 인간은 이기적인 존재지만 가끔 이렇게 욕심을 멈출 줄 아는 미덕도 가지고 있다고 생각하니, 왠지 위로가 된다.

갈대숲을 지나 용산으로 향한다. 산책로 계단을 따라 30분 정도 오르면 용산 전망대 위에서 바로 '그 장면'과 맞닥뜨린다. 바로 세계적인 여행 가이드북 〈미슐랭〉이 찍은 해질녘의 순천만. 깊은 S라인으로 휘어진 강줄기, 물살을 가르며 유유히 헤엄치는 물새 한 마리, 갯벌의 양감을 드러내는 금빛 노을…….
30분만 투자하면 30년의 추억을 안겨준다는 전망대의 자신만만한 홍보문구가 떠올라 피식 웃음이 난다. 인정!

갈대열차를 타면 김승옥, 정채봉 작가의 문학세계를 살필 수 있는 순천문학관으로 데려다준다는데, 이미 '무진기행'이라는 문학기행을 하고 있는 셈이니, 패스!

용산에서 내려와 대대포구로 향한다. 뭍에서 본 바닷길을 반대방향에서도 보고 싶었다. 바다로부터 밀물이 들기를 기다렸다가 이제 막 첫 배를 띄운다는 생태체험선에 오른다. 배를 타고 보니, 순천만이 바다로 열린 길이라는 게 실감이 난다.

대대선착장에서 순천만 갯골까지 왕복 6킬로미터를 30여 분 운항하는 동안 해설사의 친절한 설명을 듣는다. 하구의 갈대밭, 칠면초 군락, 여수반도와 고흥반도의 풍광을 차례로 지나는 동안, 이 바닷길과 갯벌이 품고 있는 생명을 생생하게 목격할 수 있었다. 겨울철새 흑두루미가 떠난 자리에서 갯벌을 뒤져 게와 장뚱어, 갯지렁이와 조개로 만찬을 즐기는 백로와 갈매기가 정겹다.

해가 벌써 서쪽으로 기울어가고 있다. 그 배경으로 바라보는 갯벌은 흠 잡을 데 없는 예술이다.

생태 체험선 매표소 : 061-749-4059 | 입장료 : 어른 4,000원

문득 노을로 소문난 와온 해변이 떠올랐다. 순천만 갈대숲에 떨어지는 노을도 장관이지만 와온 해변에 닿는 노을도 명품이다.
아마도 순천만을 찾아왔던 사진작가들에 의해 발굴된 곳이 아닐까 싶은데, 이 기회를 놓칠 수 없어 배에서 내리자마자 허둥지둥 와온리로 향한다.

이름마저 따뜻한 와온 해변은 벌써 붉게 물들었다.
하늘은 차라리 거대한 캔버스다.
그 캔버스에다, 노을을 감상하는 사람들의 뒷모습까지 넣어 카메라에 담아본다.
행복해 보이는 풍경이다.
아니, 지금 저들은 분명 행복하다.

🚌 **와온해변** | 전남 순천시 해룡면 농주리

사람 사는 정이 오가는 잘자요 게스트하우스

두 명의 사진작가가 주인이라는 게스트하우스는 순천만 옆 주택단지에 있다. 갈대숲과 바다에서 하도 짠 바람을 쏘여댄 탓에 까치머리가 된 채로 막 숙소로 향하는데, 그들 중 한 명으로부터 전화를 받았다. 어디쯤 오셨냐고 하더니, 오는 길에 쌈장 한 통만 사오란다. 오늘 밤에 손님도 많고 해서 바비큐 파티를 한단다.

많다던 손님은 모두 네 명. 나까지 다섯 명은 벅차다는 주인은 진지하고 숫기 없는 성격인 듯하다. 사람들에게 말을 걸기도 어렵고, 아침식사로 준비할 오니기리를 만들기에는 밥솥이 너무 작다고 걱정이다.

서울에서 영화 홍보 대행사에 다닌다는 한 여성 여행자는 오로지 순천만 걷기와 잠자기에 시간을 바칠 생각으로 내려왔다고 한다. 그녀의 소속 회사를 묻지 않았다. 직장생활은 누구나 고달픈 거니까. 다른 한 여성은 이불을 널어놓은 사진 한 장 때문에 이 숙소를 선택했다고 말했다. 안전한 잠자리라는 확신을 얻었다는 것 숙소를 고르는 다양한 노하우를 전수받을 수 있었다.

숯불이 꺼져갈 때쯤 한 예약 손님이 도착했다. 자전거와 함께 들어오는 그는 지칠 대로 지쳐 있었다. 자전거 대회에 참가했다는 그는 순천만을 통과한 이후부터 혼자 낙오되었고 아름다운 노을을 보고도 오로지 생존의 위협을 느꼈다고 한다. 게스트하우스의 매력은 이렇듯 서로 다른 인생들이 한 곳에 모여 즐거워질 수 있다는 것이다.

잘자요게스트하우스 | 전남 순천시 교량동 588 | 061-243-1935 | http://blog.naver.com/jalja_yo

벌교다운 음식, 벌교다운 잠자리

순천만을 빠져나와 서북쪽으로 가면 바로 벌교다. 벌교하면 꼬막 아니던가. 벌교 읍내는 꼬막을 파는 음식점으로 가득하다. 간판마다 화려한 PR로 장식되어 있다. 맛집 소개하는 프로그램이 얼마나 많이 다녀갔는지 한눈에 알 수 있다.
안타깝게도 벌교 꼬막은 주방장의 손맛에 휘둘리지 않는다. 따라서 특별히 꼬막을 맛있게 하는 집은 없다. 어느 집엘 들어가도 '벌교'의 맛이다. 다만 꼬막을 삶아 먹거나 양념장을 넣어 먹거나 무침으로 먹거나 전으로 부쳐먹거나 된장국에 넣어 먹는 방법이 있을 뿐이다. 통통한 살이 꽉 찬 꼬막의 찝찌름한 맛은 외국으로 수출되어 마땅하다.

벌교에서는 유서 깊은 '여관'에서 묵어야 어울린다. 특히 조정래의 〈태백산맥〉에 등장하는 남도여관은 실제로 1935년부터 여관이었다. 2004년 등록문화재로 지정되어 1층은 보성여관의 옛 모습을 보여주는 전시공간과 소극장, 카페로 운영되고, 2층은 다목적 커뮤니티 공간이다. 한옥은 1박에 8~15만원대까지 이용 가능하다.

외서댁 꼬막나라 | 전남 보성군 벌교읍 회정리 653-7 | 061-858-3330 | 꼬막정식은 1인분에 13,000원
남도여관 | 전남 보성군 벌교읍 벌교리

'해우소에 쭈그려앉아 울어볼까
- 선암사 승선교, 삼인당

순천만에서 올라가다가 조계산 자락으로 들어왔다. 서울 가는 발길이 무거운 게 아무래도 마음이 켕겼다. 뭔가를 두고 온 것 같고, 만날 사람과 길이 어긋난 것 같기도 하고, 무슨 얘기를 나누다 만 것 같은 미진함 때문이었다.

이대로 올라갈 수는 없었다. 어느 시인의 충고대로, 선암사 해우소라도 다녀가야 할 것 같다. 해우소에 쭈그리고 앉아 울고 있으면 풀잎들이 손수건을 꺼내 닦아준다니, 속는 셈치고 가보자.

숲길을 오른다. 부도전을 지나자 신선이 되는 다리 승선교昇仙橋를 만난다. 화려하지 않으면서도 격조가 우러나는 무지개 모양의 다리는 선암사를 찾는 관광객들에게 인기가 좋다. 특히 수백 년 동안 변형되지 않는 견고한 건축기술에 감탄하기도 한다.

승선교를 지나 단아한 찻집 앞에 둥그런 연못 삼인당三印塘이 나타난다. 신라시대 도선국사가 만들었다는데, 사실을 확인할 길은 없지만 유서가 깊은 것만은 확실하다. 연못 안에 작은 섬을 넣은 유일무이한 양식을 띤 문화재라니 말이다. 그렇다면 연못 안에 넣은 작은 섬은 무슨 의미일까. 불교의 깨달음을 상징할 거라는 나의 상상은 내 옆을 지나가는 어느 해박한 등산객에 의해 깨지고 말았다. 섬은 연못 안으로 흘러든 물이 썩지 않도록 하는 용도라고 한다. 그러니까 물이 고이지 않도록 흐름을 유도하는 장치라는 것이다.

삼인당으로 쏠리던 관심이 거두어졌다. 여행에 관한 한 정보가 언제나 쓸모 있는 것은 아니다.

'달마전 허드레탕 물에 마음을 빨아 널다
- 선암사 달마전 수각

일주문 옆으로 통일신라 때부터 재배해 왔다는 차밭이 있다. 야생차밭이라 얼핏 봐선 차밭인 줄 알아보기 어렵다. 한 스님이 차밭 안에서 찻잎을 따고 있다. 일주문 앞에다 합장을 하고선 얼른 차밭으로 들어간다.

스님은 어린잎만을 골라 일일이 손으로 따신다. 음력으로 사월 초파일을 전후해서 찻잎을 딴다는데, 오늘이 첫 수확이라며 찻잎을 하나 건네준다. 맑은 연록색의 잎을 잘근잘근 씹어보니 쌉쌀한 맛에 이어 단맛이 고인다.

이내 스님은 선암사의 숨은 보물을 보여주겠다며 나를 선암사 안으로 데려간다. 대웅전을 지나 칠전서원 안의 달마전. 스님들의 참선이 이루어지는 선방(禪房)인지라 일반인들은 함부로 드나들 수 없는 내부공간이다.

스님이 말한 보물은 바로 달마전 수각(水閣). 즉, 달마전 마당 한가운데 만들어놓은 약숫물 그릇이었다. 사찰 위쪽으로 6000평이나 되는 야생차밭에서 정화된 약숫물은 네 개의 수각으로 차례차례로 흘러든다.

그 모양도 각각 다를 뿐만 아니라 쓰임새도 다르다. 첫 번째 물(상탕)은 부처님에게 올리는 찻물이고, 두 번째 물(중탕)은 스님들이 마시거나 밥을 짓는 데 쓰며, 세 번째 물(하탕)은 옷을 세탁하는 데 이용하고, 네 번째 물(허드레탕)은 해우소를 다녀와 손을 씻는 데 사용한다.

수각의 모양에도 남다른 의미가 담겨 있다. 상탕의 수각은 사각 모양이지만 중탕 하탕으로 내려갈수록 점점 둥글고 작아진다. 자기만을 생각하는 각진 마음을 깎고 다듬어 둥글게 만들라는 뜻이다. 비로소 절간에 온 느낌이다.

마음속 한구석에 숨어 있는 속된 욕망을 꺼내어 달마전 허드레탕 물에 싹싹 비벼 햇볕에 널어둔다. 말려두었다가 나갈 때 걷어가야지.

선암매 옹께서는 아무 말씀 없으시고
― 선암사 자산홍

달포전 찻물을 마시고 나서야 밝아진 눈으로 선암사 경내를 한 바퀴 돌아본다. 추억 없이 늙어가는 사람 없듯, 보물 없는 고찰은 없다고 나는 생각한다.
오래된 절간일수록 사연도 많고 애환도 많은 법. 선암사는 제법 보물이 많은 절이지만, 나는 원통전 뒤뜰에 숨겨진 홍매화 '선암매'를 첫 손에 꼽는다. 수령 600년을 자랑하는 사찰의 최고참이면서도 매년 붉은 매화를 피우는 열정 때문이다.
초여름, 매화는 이미 다 지고 없지만 가지 끝마다 싱싱한 이파리들을 밀어낸 모습을 바라본다.
'옹께서는 무엇 때문에 그렇게 열심이신지요? 선암사에 지켜야 할 무엇이 있는 것인지, 아니면 무엇을 기다리고 있는 것인지, 그도 아니라면 그토록 필사적으로 붉은 꽃을 피워 올리는 이유는 무엇입니까. 저는 그 붉은 열정에 눈이 멀겠습니다. 어리고 아둔한 인간 중생에게 한말씀 해주소서…….'
부처님 대신 선암매 옹께 예불을 드린다. 자비로운 부처님은 나를 꾸짖지 않으리라.

경내를 다시 한 번 돌아 나오다가 깜짝 놀라고 말았다. 좀 전까지만 해도 눈에 띄지 않았던 꽃나무들이 갑자기 튀어나온 것 같다. 수령이 300년은 족히 넘는다는 자산홍들이 한둘이 아닐뿐더러 가는 데마다 붉은 꽃을 자랑한다. 가지를 척척 늘어뜨린 수양벚꽃, 이제 꽃잎을 떨구고 있는 왕벚나무도 보인다.
4월 즈음의 탐매(探梅) 시즌이 끝나면 절간에는 꽃이 없는 줄로만 알았더니, 5월이 다 가도록 꽃잔치다. 이토록 화려해서야 어디 고즈넉한 도량이라 하겠는가. 꽃구경 오는 여행자들이야 좋지만, 스님은 꽃향기에 정신 혼미하여 공부나 온전할까 싶다. 저토록 아름다운 꽃을 마당 한가득 들여놓고…….

산은 산이요 물은 물이로다
- 선암사 대웅전 마당

"세상엔 착한 사람이 있을까?"

"절 나무라시는 거죠? 착하게 보아주려는 마음이 없으면 아무도 착하지 않을 거예요."

대웅전 마루에 앉아 꽃마당을 바라보면서 다시 〈무진기행〉의 남녀를 떠올린다. 남자는 여자의 대답 끝에 '우리'는 불교도라고 생각한다. 불교의 어떤 가르침을 떠올렸으리라.

산사에 핀 꽃을 어떻게 느끼는가는 오직 그것을 보는 자의 몫임을 잊고 있었다. 아름다운 꽃으로부터 나는 탐하고 싶은 아름다움만을 보았던 것일까. 그 탐스러움이 수도자의 눈을 가릴까 우려한 것일까.

산은 산이요. 물은 물. 꽃은 꽃.

눈에 씌워진 욕망의 껍풀이 벗겨지는 것 같다.

'있는 그대로의 모습을 볼지어다. 네 안의 탐욕을 버릴지어다.'

대웅전 안에서 '깨달은 자'의 음성이 들리는 듯하다.

얼른 합장을 하고 달마전으로 향한다.

허드렛탕 물에 빨아 널어놨던 '그것'을 품속에 넣고 산사를 나선다.

가마골 용소, 출렁다리

죽녹원

담양

초록빛에 관한
한 탐구

식영정, 명옥헌원림

자연스럽거나 촌스럽거나, 녹색

아침 출근시간은 커피 한 잔으로 시작한다. 이건 결코 한가한 풍경이 아니다. 경기장에 나가는 선수가 정신을 무장하는 시간이다. 나의 뇌는 카페인의 자극 없이는 가동이 힘들기 때문이다.

커피가 공급되는 시점에 뇌의 전원이 켜지고, 오후가 되면 다시 두 번의 카페인 주입이 필요한 카페인 중독자에게 커피가 떨어지는 경우가 있다. 오늘 아침 그런 긴급 사태가 벌어졌고, 별수 없이 대체 카페인을 공급하기 위해 가루녹차 한 잔을 타 마신다.

시원하다. 상쾌하다.

커피의 카페인이 긴장을 촉진시킨다면 녹차의 카페인은 긴장을 이완시키는 효과가 있는 것 같다. 물론 그 시원 상쾌함은 카페인 성분의 차이 때문이겠지

만, 가루녹차의 멋진 녹색도 한몫 하는 것 같다.

녹색은 인류 최초의 색이자 인간의 눈에 가장 익숙한 색이라고 한 어느 다큐 프로그램이 떠오른다.

색 자체로야 그지없이 아름답다. 그러나 그 자연의 색을 사진에 담는 일을 하는 사람으로서 초록색은 까다로운 색이 아닐 수 없다. 다른 색과 자연스럽게 어우러지지 않을 때 이보다 더 촌스러운 색이 없다.

5월, 녹색이 가장 아름다운 시절이다. 이 빛깔이 어떻게 아름다움을 발산하고 있는지 직접 가서 확인해봐야겠다. 녹색의 고장, 담양으로.

깊은 소는 신비한 물빛을 품고
– 가마골 용소, 출렁다리

처음엔 대숲으로 이름난 죽녹원을 떠올렸고, 망설임 없이 그곳을 향하고 있었다. 그런데 언젠가 한 선배가 들려준 말이 떠올랐다. 묘한 물빛을 지닌 용소가 있어, 수십 가지나 될듯한 녹색을 볼 수 있다는 것이다. 바로 담양호 근처 용추산 가마골의 용소(龍沼)를 찍은 사진이었다. 녹색 기행이 무조건 숲이어야 할 이유는 없으니, 우회하기로 했다.

호남의 젖줄, 영산강의 시원(始原)인 만큼 산속 깊이 숨어 있을 거라는 나의 예측

은 빗나갔다. 어이없게도 용소는 주차장에서 걸음으로 10분 거리에 있었다. 혹시 험한 길이 될까 싶어 등산용 스틱에 양말까지 갈아 신은 게 억울할 만큼 가까운 위치였다.

용소는 잘 빚은 송편처럼 동글하고 아담했다. 그러나 산이 병풍처럼 소를 푹 둘러싼 모양이 심상치는 않아 보인다. 산을 타고 내려온 물줄기가 떨어져 내리는 곳 주변은 시커먼 색이다. 명아실 한 타래가 다 들어갈 만큼 아득한 깊이를 느끼고도 남을 만큼 어두운 색이다. 그 주변으로 점차 번져나가는 녹색의 스펙트럼은 찬란하다.

바다 물빛과는 다른 신비다. 승천하지 못한 용이 피를 토하고 죽었다는 전설 때문일까. 왠지 서글픈 사연을 삼킨 듯한 빛깔이다. 용소의 신비는 단순히 모양이나 물빛으로 설명할 수 없을 것 같다.

용소를 발 아래로 내려다볼 수 있는 출렁다리로 향한다. 절벽에서 절벽으로 놓은 다리인지라 제법 높다. 건너편 계곡까지 50미터.

한 발을 디며 체중을 실어본다. 출렁! 둘이 나란히 갈 수 없는 폭이다. 앞서 간 부부는 다리를 사이에 두고 끝내 이별을 하고 말았다. 먼저 성큼성큼 건너간 남편이 아내의 이름을 불러대며 약을 올리더니, 아내의 용기를 끌어내기는커녕 화를 돋운 모양이다.

혼자서 건널 수밖에 없는 다리다. 안전하다는 사실을 알고는 있지만 출렁다리 가운데로 다가갈수록 흔들림이 커지자, 온 신경은 팽팽해진다. 용소를 내려다보겠다는 애초의 목적은 다 잊어버렸다.

기억하고 있었던들 절체절명의 순간에 용소 구경이 웬 말인가.

용소, 출렁다리 | 전남 담양군 용면 용연리 가마골 | 063-380-3492

’호수, 다리 그리고 산책
— 담양호 목교산책로

용소 매표소를 내려와 추월산 입구에 이르자 아웃도어 차림의 여행자들이 떼지어 서 있다. 본능적으로 '뭔가 있다!'는 감각을 믿고 행렬의 뒤를 따라갔더니, 잔잔한 호수가 나타난다. 가마골 용소에서 발원한 물줄기가 흘러든다는 담양호였다. 이곳에서 형성된 큰 물줄기가 영산강으로 이어진다고 했던가.

사람들은 호수를 가로지르는 나무다리를 건너 반대편 산허리를 휘감는 산책로를 거닌다. 산 밑으로 왕복 1.5킬로미터의 수변 산책을 즐기도록 만든 아이디어가 앙큼스럽다. 좀 전의 출렁다리에 비하면 호수를 가로지르는 이깟 다리쯤은 일도 아니지 싶어 성큼 건넜으나 곧이어 후회가 밀려든다. 혼자 걷기엔 허전하고 둘이 걸으면 자연스레 팔을 끼울 만한 통로가 얄궂다. 데이트 코스로 찾을 것을 고려하여 통로의 폭까지 치밀하게 계산해놓다니…….

산책로 난간에 기대어 풍경을 바라본다. 담양호를 에워싸고 있는 추월산의 구불텅한 능선에 마음이 누긋해진다. 봄비가 적게 내려 물은 훨씬 줄었지만 물빛도 바람도 부드럽다. 호수에 비친 구름이 흘러가는 모양이나 추월산 나무들이 바람에 흔들리는 모양을 넋 놓고 바라보는 놀이가 제법 재미지다.

멋진 곳에 가서 구경하고 맛난 음식 먹는 것만 힐링이 아니다. 이렇게 산과 물이 있는 곳에서 멍청한 시간을 할애하는 것만으로도 충분할 텐데…….

담양호 목교산책로 | 전남 담양군 금성면 대성리 · 용면 일대. 29번 국도 담양호 국민관광단지 앞 | 061-380-3154(담양군청 문화관광과)

대숲, 아름다운 동거
- 죽녹원 대숲

학교 다닐 때 어울렸던 친구들이 떠오른다. 공부를 잘하는 모범생이긴 한데 특별한 재능은 없었던 친구, 공부는 잘 못하지만 음악이나 미술 같은 장르에서 특별한 실력을 보여주는 친구.

나는 후자에 속하는 친구들과 더 친해지고 싶었다. 그들은 나와는 다른 뭔가를 가진 것 같았고, 다른 세계에 사는 것처럼 보였다. 실제로도 그들은 자신을 특별히 여기는 듯했다. 담양은 그런 친구들을 닮았다. 말하자면 대나무라는 자산을 가진 특별전형 구역 같다. 담양의 식당에서 주문을 할 때, 대나무 알레르기를 가진 이를 제외한 대개의 여행자들은 대통밥이나 죽엽주를 선택하게 된다. 담양에 왔으니까 무조건이다.

죽녹원은 한마디로 죽림욕장(竹林浴場)이다.

숲속에 들어가자 시각, 청각, 후각의 기능이 바로 작동되는 것을 느낀다. 미끈하게 솟구친 기둥들을 바라보며, 댓잎을 스치는 바람소리를 들으며, 이파리의 향기로운 냄새를 맡으며 길을 걷는다.

여덟 가지의 테마로 나누었다는데 결국 그 숲이나 이 숲이나 똑같은 대나무숲이다. 그 종류도 다양해서 분죽, 왕대, 맹종죽 등등이 자란다는데 무슨 차이가 있다는 건지 잘 모르겠다. 내게는 모두 '기특한 나무'일 뿐이다.

대숲 속을 자세히 보니, 그늘진 땅에 군락으로 자라는 작은 나무들이 보인다. 대숲에서 자라는 차나무라 한다. 일반적인 찻잎보다 잎이 넓은 이유는 대숲 사이로 비쳐 들어오는 햇빛을 조금이라도 더 많이 받기 위한 생존의 본능이라고……. 왠지 연민이 느껴진다. 더욱이 이 야생차는 대나무 밑에서 대나무 잎에 맺힌 이슬을 먹고 자라는 죽로차(竹露茶)라지 않는가. 조선시대 임금에게 진상되었다는 그 맛을 음미하려는데, 코가 혀보다 먼저 맛을 알아차린다.

죽녹원 | 전남 담양군 담양읍 향교리 산37-6 | 061-380-2680 | www.juknokwon.go.kr

녹색의 왕국에서 누리는 행복
— 채상장 전수 전시관

담양을 대나무 특별전형 구역으로 만든 것은 바로 '기온'이었다. 이 지역은 기온차가 커서 예로부터 대나무 자생지였다는 것. 쑥쑥 자라는 대나무를 활용한 기술이 오랜 세월 축적되다 보니 이제 의식주 생활 속에 대나무가 있다. 대나무 기둥은 물론 죽순, 댓잎, 댓가지까지 쓰임이 안 닿는 것 없다. 그야말로 '살아 있는 금밭'이다.

죽제품 전시관을 둘러본 뒤 인상에 남는 건 채상彩箱, 채죽상자이라는 세죽공예품이었다. 얇게 쪼갠 대나무 껍질에 치자, 쪽, 잇꽃, 갈매 등으로 염색을 하여 만든 고리의 종류인데, 채상장彩箱匠 인간문화재인 서한규 옹이 직접 짠 다채로운 무늬의 채상들을 볼 수 있었다.

원래는 궁실과 귀족계층의 규방가구로 쓰이던 귀한 제품이었다는데, 염색된 대나무 실(?)을 만져보니 이해가 되고도 남는다. 이토록 가늘고 얇은 것을 한 올 한 올 엮으면서 무늬를 만든다니, 그야말로 '인고忍苦'의 세월이 그대로 묻어나는 아름다움이다. 디자인 또한 현대적이어서 '전통 공예품=예스러움'이라는 고정관념을 깨고도 남는다.

전시관을 나오자 연두색 아이스크림을 들고 다니는 사람들이 보인다. 반사적으로 카페로 달려가 아이처럼 아이스크림을 탐한다. 댓잎가루를 섞어 만든 아이스크림을 한 입 넣자, 입 안에서 시원한 바람이 부는 것 같다. 사무실에서 커피 대용으로 마셨던 가루녹차보다 훨씬 더 청량한 맛이다.

대숲에서 죽공예품을 보고 댓잎 아이스크림을 먹고 있으러니, 대나무 왕국에 와있는 것 같다. 녹색의 세계는 평온하다.

'어떤 무식에 관한 고백
— 소쇄원

5년 전이던가. 소쇄원을 처음 찾았던 기억이 떠오른다. 소쇄원의 첫인상은 한마디로 '볼품없다'였다. 한국 민간정원의 원형을 간직한 정원, 조선 선비정신을 보여주는 전통정원이라는 요란한 찬사에 기대가 컸던 것도 사실이다. 그러나 이해할 수 없었던 것은 계곡 안에 조그마한 정자 두어 채 덩그러니 있을 뿐 이렇다 하게 꾸며진 정원은 '보이지 않는다'는 것.

그때 나는 소쇄원을 감상할 '눈'이 없었다. 더 넓은 의미의 전통정원, 즉 '원림園林'이라는 개념을 알지 못했기에. 조선의 선비들은 담장 안에 꽃과 나무를 들여놓고 감상하는 것보다는 오리지널을 좋아하여 자연 속으로 아예 들어가 자연을 즐겼다는 사실도 알 리가 없었다. 계곡 안에 작은 정자를 들여놓고 책도 읽고 글도 쓰고 합평도 하고 차와 술도 나누곤 하는 풍류 자체에 대해 무지했던 것이다.

그때의 기억을 안고 소쇄원으로 가는 대나무 숲길을 걷는다. 왼쪽으로 초가지붕의 조그마한 정자(대봉대), 그리고 계곡을 건너는 다리가 있다.

조촐하고 옹색한 것은 그때와 마찬가지인데 청빈淸貧의 당당함이 느껴진다. 위로 올라가니 계류溪流가 흘러가는 길 위로 담장을 올린 오곡문五曲門이 나타난다. '물이 흐르는 곳에 왜 담장을 쳤을까? 밑으로 구멍이 뚫려 담장 구실도 못할 텐데, 왜 이렇게 허술하게 지었을까?' 했던 그때의 내 모습이 떠올라 얼굴이 달아오른다.

소쇄원의 담장은 외부로부터 내부를 지키거나 차단하는 기능이 아니다. 나지막하게 내부와 외부를 구분하는 정도의 기능만 한다. 그래서 담장 끝에 있어야 할 대문조차 달려 있지 않다. 담장벽이 뚝 끊어진 자리부터는 그냥 통로다. 보는 이가 무색하리만큼 밋밋하고 허전하다. 담장 밑의 '구멍'은 계류의 흐름을 끊지 않으려는 배려의 마음이다.

한국의 전통정원에 대한 지식을 얻고서 보니, 과연 소쇄원은 5년 전에 봤던 초라한 정원이 아니다. 지형의 굴곡을 그대로 살린 자리에 소박한 정자를 들이고, 계곡의 흐름에 따라 다리를 놓고 담을 쌓은 흔적이 느껴진다. 인공미를 최소화하려는 선비의 노력과 정성이 눈에 선하다.

소쇄원을 제대로 보려면 먼저 눈을 씻어야 한다. 경험상 한국 전통의 미학에 대한 약간의 지식이 필요하다.

소쇄원 | 전남 담양군 남면 지곡리 123 · 061-382-1071 · www.soswaewon.co.kr

빛나는 바람과 맑은 달을 보다
– 제월당, 광풍각

"어느 언덕이나 골짜기를 막론하고 나의 발길이 미치지 않은 곳이 없으니 이 동산을 남에게 팔거나 양도하지 말고 어리석은 후손에게 물려주지 말 것이며, 후손 어느 한 사람의 소유가 되지 않도록 하라."

소쇄원을 조성한 조선의 학자 소쇄공(瀟灑公) 양산보(1503~1557)가 후손에게 남긴 말이다.

중종 치세 당시 정치에 회의를 느끼고 고향에 은둔했다는 그가 얼마나 소쇄원을 지극히 여겼는지 짐작이 간다. 어리석은 후손이나 단독의 소유가 되었다면 소쇄원은 벌써 훼손되었거나 아예 금전 몇 푼에 팔려 흔적조차 남지 못했을 것이다. 안타깝게도 정유재란 당시 파손되어 재건된 아픔을 갖고는 있지만 지금껏 제주 양씨 문중의 관리로 잘 보전되고 있다.

소쇄원 위쪽의 두 정자, 광풍각光風閣과 제월당霽月堂. 더위를 쫓을 때나 벗을 맞이할 때 본집에서 이 공간으로 거처를 옮긴다는 별서別墅. 광풍제월光風霽月은 '빛나는 바람과 맑은 달'. 중국의 어느 문헌에서 빌린, 맑은 인품을 지닌 사람을 은유한 표현이다. 머리에 새겨둘 만한 멋진 말이다.

광풍각 누마루에 앉아 경치를 내려다본다. 소쇄 옹의 초대를 받은 면앙정(송순), 송강(정철)도 이 마루에 앉아 내가 보는 풍경을 보았을 터. 술잔을 기울이며 세상을 논하고 시를 나누고 농담을 주고받는 광경을 그려본다. 다른 어떤 시간보다 호사스럽다.

제월당으로 올라간다. 계곡 쪽에서 산바람이 불어온다. 바람이 나뭇잎을 스치고 담장을 넘어 길 쪽으로 향하는 게 눈에 보인다. 잠시 후 대숲이 수런수런하다. 내 안에 어떤 감동이 물결치는 것을 느낀다. 환상적이다. 나는 소쇄원의 이 녹색 풍경을 보러 온 거였구나. 광풍각 기와와 황토색 담장과 함께 어우러진 '푸름'의 조화를 보러 왔구나.

왜 녹색이 다루기 까다로운 빛인지 알겠다. 녹색은 조형성을 숨긴 빛깔이다. 이렇게 하늘과 나무집과 담장과 물이 흐르는 곳에서는 어떤 구도에서 보아도 아름답다.

선비는 무엇으로 사는가
— 식영정

구름도 쉬어간다는 식영정(息影亭)은 뒤로는 성산을 두고 앞으로는 광주호를 굽어보는 언덕에 있다. 식영정으로 오르는 돌계단은 지형의 굴곡에 맞춘 듯 휘감겨 있다. 비탈길을 깎아 일직선으로 만든 콘크리트 계단이었다면 아마 식영정을 포기했을 것 같다.

식영정은 소박하고 검소한 외관에 아름다운 팔작지붕으로 멋을 내었다. 별서 정원에 정성을 들인 모양이라고 생각했는데, 알고 보니 원래는 초가로 만든 허름한 정자였다고. 기와는 훗날 후손들이 지어 올린 것이었다.

그럼 그렇지, 돈을 들였을 리가 없지…….

식영정이 유명해진 이유는 송강(松江) 정철의 가사(歌辭) 〈성산별곡(星山別曲)〉 때문일 터. 이곳의 사계(四季)가 얼마나 좋았기에 이런 문장을 남겼을까. 500년 이상이 흐른 지금, 그 시절의 활기를 상상하기 어렵다. 다만 '식영정' 현판 옆에 나란히 걸린 '식영정이십영(息影亭 二十詠)'에 얽힌 일화만이 옛 영화(榮華)를 증거하고 있다.

식영정은 성원당 김성원이 장인어른인 임억령을 위해 지은 정자이며, 임억령은 이곳에서 '식영정 이십 영(詠)'을 지었다. 그 뒤 송강을 포함한 제자들이 성산의 경치 좋은 곳 20곳을 택해 각각 20수씩 지은 것이 바로 '식영정이십수'. 〈성산별곡〉도 이러한 맥락에서 태어난 작품인 것이다.

현대에 들어 복원되기는 했지만 서하당, 부용당, 장서각이 식영정 밑을 지키고 있는 모습에서 옛 선비들의 우정, 스승에 대한 존경을 느낀다.

식영정 | 전남 담양군 남면 지곡리 산75-1

녹색의 기억과 함께한 찻집

나는 유난히 네잎클로버를 잘 찾았다. 봄 내내 수십 개의 네잎클로버를 찾았고 예쁘게 코팅하여 반친구들에게 선물하였다. 행운을 잘 찾아내는 나를 친구들은 부러워했다. 그 비결은 나만의 비밀이었다. 우연히 네잎클로버가 유난히 많이 자라는 풀밭을 알게 되었지만, 친구들에게 알려줄 수 없었다. 아마 친구들에게 행운을 선물하는 기쁨을 계속 누리고 싶었던 것 같다.
네잎클로버 밭을 찾았을 때의 기억을 지금도 간직하고 있는 덕분에 풀밭에 가면 네잎클로버를 쉽게 찾아내곤 한다.
명가은 오르는 길에서 만난 풀밭에 웅크려 앉는다. 행운의 부적을 찾다가 토끼풀을 뜯어 풀꽃 반지를 만든다. 손톱에 풀냄새가 밴다. 하얀 반바지에 풀물이 든다.

오직 녹차 한 가지만 대접하는 명가은 찻집에 앉으니 녹색의 기억이 부풀어 오른다. 녹차가루를 넣어 만든 백설기를 한 입 깨무니 오묘한 향기와 기분 좋은 단맛이 새로운 기억을 불러온다. 담양에서의 하루는 녹색 끝말잇기를 하듯이 흘러간다.

명가은 | 전남 담양군 남면 연천리 487 | 061-382-3513, 061-382-9011

따끈한 죽순밥에 떡갈비 한 점

대통밥과 떡갈비는 담양 먹거리의 대표선수다. 그래서 그런지 고르기 힘들 정도로 소문난 맛집도 많다. 최근 입소문이 났는지 실내가 북적거리는 떡갈비집을 선택한다.
입 안에 넣는 순간 녹는 듯한 맛을 주는 떡갈비, 압력밥솥에서 바로 지은 죽순밥. 게다가 샐러드, 떡잡채, 생선조림, 나물, 물김치, 단호박 등의 푸짐한 반찬까지. 떡갈비 못지않은 일반 돼지갈비도 선택을 후회하지 않을 맛이다.

담양애꽃 | 전남 담양군 봉산면 기곡리 293-1번지 | 061-381-5788

먹거리의 조연을 위한 국수 거리

죽녹원에 가면 국수거리를 만나게 된다. 어쩌다 국수거리가 형성되었는지는 모르겠으나, 국수가게가 일렬로 들어선 모습을 보니 이색적이다. 주로 출출할 때 찾게 되는 국수는 정식 끼니로 치기에는 부족하고, 간식으로는 좀 넘치는 종목이 아니던가. 먹거리의 영원한 주연이 담양 죽녹원에서만큼은 단독 주연으로 대접을 받는 모양이다. 국수 거리에서 내놓는 메뉴는 별다르지 않다. 멸치국수와 비빔국수, 다양한 메뉴를 개발할 수도 있었을 텐데, 여기서는 정공법이다. 한 가지 다른 점이 있다면 일반 면발보다 오동통한 것이 우동과 국수의 중간 정도라는 것. 맛이 깔끔하고 담백해서 좋다.
소화가 빠른 사람이라면 국수 한 그릇으로 섭섭할 터. 죽녹원 근처 영산강변에도 훌륭한 간식거리가 있다. 바로 댓잎이 들어간 녹색 호떡. 강변을 걸으면서 먹는 달콤쌉쌀한 호떡의 맛은 담양에서만 맛볼 수 있다.

진우네 국수 | 전남 담양군 담양읍 객사리 211-34 | 061-381-5344

배롱나무 꽃그늘을 기다리며
- 명옥헌

또 다른 원림에 서 있다. 8, 9월에 오면 배롱나무 꽃이 만개하는 진경을 볼 수 있다는 명옥헌鳴玉軒. 350살이나 되었다는 배롱나무들은 연못 주위를 빙 둘렀다. 배롱나무에 피는 꽃은 100일 동안 지지 않는다고 한다. 그래서 '백일홍'이라고도 부른다는데, 그 이름의 주인은 엄연히 따로 있다. 백일홍은 나무가 아니라 국화과의 풀이고, 꽃 모양도 전혀 다르다.

꽃은 정확한 제 명칭으로 불릴 권리가 있다. 제 이름으로 불리지 못하는 아름다움이란 얼마나 서글픈 일인가. 고창 선운사에 군락으로 피는 꽃을 상사화라 하는 것은 꽃무릇에 대한 모욕이다.

붉은 배롱나무 꽃으로 뒤덮인 명옥헌을 상상하다가 그만 김이 샌다. 담양의 물길을 따라 배치된 환벽당, 취가루, 명옥헌, 죽림재, 식영정, 송강정, 만영정이 한여름이면 온통 배롱나무 꽃으로 뒤덮인다 하니 암만해도 그때 다시 한 번 와서 확인해야겠다.

그러고 보면 조선 중기의 담양에는 원림의 유행이 불었던 모양이다. 한양에 입성하지 못한 선비들은 자연 속의 정원생활로 낙심한 마음을 추스렸던 걸까. 어쨌거나 나로서는 부럽기 짝이 없는 사치다.

달팽이 마을에서는 시계바늘도 천천히 돈다

– 창평 삼지내 마을

담양에 '슬로시티slow city'가 있는 줄 몰랐다. 솔직히 말하면, 슬로시티라는 개념조차 몰랐다. 어디 가서 자면 좋겠냐고 물었을 때 식당 아주머니가 알려준 숙소가 있는 마을이라고만 생각했다.
마을 입구에 세운 안내판에 '슬로시티' 마을에 대한 친절한 설명이 없었다면, 민속촌에 왔다고 착각했을 터.

16세기 초에 형성된 전통마을답게 길따라 기와를 얹은 돌담이 고풍스럽다. 3600미터나 되는 돌담길이 마을의 골목골목을 다 두르고 있다는데, 담장의 재료나 모양이 조금씩 다른 게 흥미롭다. 전통담 마니아들도 이 정보를 입수했을지, 예전에 답사를 마쳤을지…….

돌담길 사이로 특히 눈에 띄는 낡은 솟을대문이 보인다. 춘강 고정주1863-1933의 고택으로, 부잣집에서만 쓴다는 검은 기와를 얹어 위용이 느껴진다. 이 고택의 건축적 가치도 소중하겠지만, 구한말 이 일대 근대교육과 민족운동의 근원지였다는 사료가 더 무겁게 느껴진다. 한국적인 노블리스 오블리제를 실천한 집주인의 품성이 느껴진다.

이 마을의 명물은 돌담길과 고씨 고택만이 아니다. 전국을 통틀어 35명밖에 없다는 식품명인 가운데 쌀엿의 명인이 이 마을에 살고 있어 전통방식으로 만든 명인의 쌀엿을 맛볼 수 있다는 것. 양녕대군을 따라 창평에 온 궁녀가 전수해준 방식이라는 쌀엿의 역사가 말해주듯 입에 붙지 않게 바삭한 단맛이 남다르다.

숨가쁘게 변화해야 할 운명의 도시가 있다면 이 마을처럼 옛날 그대로 천천히 살아가야 할 운명도 있지 않을까. 사람도 각자 생긴 대로 살아야겠지. 나는 나만의 시계를 가지고, 내가 주인이 되는 시간을 살겠다. 창평 삼지내 마을이 가르쳐준 지혜다.

🚋 **청평슬로시티** | 061-380-3807(마을탐방을 돕는 슬로시티위원회) | www.slowcp.com, www.cittaslow.kr

삼지내 마을 체험교실 | 주민들에게 직접 배우는 체험교실이 있다. 떡메 치기나 도자기 물레 돌리기 같은 식상한 프로그램이 아니다. 직접 약초를 캐고 밭에 가서 채소를 뜯어와 주민들이 가르치는 대로 밥상을 차려보는 체험, 수제 막걸리 빚는 체험, 부모님의 장수를 빌며 만드는 수의壽衣 바느질 체험 등은 의미가 있다.

숭늉 먹는 슬로시티의 아침

"진짜 시골 마을처럼 조용하게 편안하게 사람들이 있다가 가면 좋지요. 얼마나 아름다워요. 여기 마을이. 집 앞에 논이 우리 정원이고 저 앞에 일주문이 우리 집 대문이고, 그 옆에 누가 우리 집 놀이터지. 밤에는 이렇게 개구리가 자연의 음악도 들려주고. 이런 곳이 또 어딨어. 안 그래요?"

삼지내 마을에는 많지는 않지만 편안한 민박집들이 몇 곳 있다. '한옥에서'와 '매화나무 집'은 마을이 알려지면서 유명해진 민박집이다. 생긴 지 얼마 안 되었지만 깔끔하고 넓은 방을 가진 '흙과 풍경'도 있다. 매화나무집에 여장을 풀었다. 아침에 눈을 떠 마당으로 나가자 시골집에 놀러 온 것 같다. 아침 농사일을 끝내고 돌아오신 아주머니에게 푸근한 숭늉 한 사발을 받는다. 슬로시티에서 먹는 슬로푸드는 고소한 맛이다.

매화나무집 | 전남 담양군 창평면 삼천리 404-3번지 | 010-7130-3002

마음을 달래주는 장터 맛

창평 오일장이 서는 동네에는 한 그릇 훌훌 말아먹고 일어날 수 있는 국밥집들이 있다. 모듬국밥, 따로국밥, 순대국밥, 머리국밥…… 웬만한 국밥 종류는 다 있다. 먼저 고기 누린내가 없는 국물 한 모금을 맛보면 양념장 없이도 먹을 수 있는 국밥의 맛을 알게 될 것이다. 깔끔한 육수 때문에 콩나물 해장국까지 맛이 보장된다.

옛날황토국밥 | 전남 담양군 창평면 창평리 190 | 061-381-7159

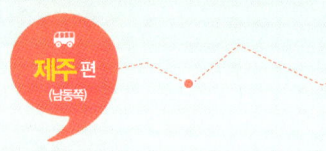

제주 편 (남동쪽)

쉼

함피디네돌집
- 제주도 제주시 구좌읍 한동리 8-2
- 010-8790-2010
- www.hampdnedolzip.com

안녕프로젝트 게스트하우스
- 제주도 제주시 구좌읍 동복리 1418-2
- 010-2558-141
- www.anproject.co.kr

수상한소금밭
- 제주도 제주시 구좌읍 종달리 814-129
- 010-4666-0848
- http://mysterysalt.com

미쓰홍당무
- 제주도 제주시 구좌읍 평대4길 20-1
- 070-7715-7035
- http://misshongdangmoo.co.kr

꿈꾸는물고기
- 제주도 제주시 구좌읍 하도리 하도7길 21-1
- 010-3248-2786
- http://cafe.naver.com/windfishhouse

루마인
- 제주도 제주시 구좌읍 종달리 624
- 064-782-5239
- www.roomine.com

빌레트의부엌
- 제주도 제주시 구좌읍 세화리 793
- 070-4406-3255
- http://blog.naver.com/jakang71

맛

보건식당
- 제주도 제주시 이도2동 1148-4
- 064-753-9521

오분자기 뚝배기를 제대로 만들 줄 아는 식당이다.

우진해장국
- 제주도 제주시 삼도2동 831
- 064-757-3393

고춧가루를 적게 사용하는 제주식 육개장을 맛볼 수 있는 집이다.

달그락화덕피자집
- 제주도 제주시 노형동 748-3
- 064-713-7483

로컬푸드를 이용하여 화덕에서 제대로 만든 피자를 맛볼 수 있다. 제주로 이민 온 주인장의 경험담은 덤으로 들을 수 있다.

할망빙떡
- 제주도 제주시 이도1동 1432
- 010-9279-8963

메밀전의 담백한 맛과 무채의 삼삼하면서 시원한 맛이 어우러진 제주의 특별한 간식을 맛볼 수 있는 곳이다. 제주 할머니가 만들어내는 전통 맛 그대로의 빙떡이다.

동복해녀촌식당
- 제주도 제주시 구좌읍 동복리 1638-1
- 064-783-5438

제주 해녀의 손맛을 그대로 알 수 있는 곳이다. 회국수(제철 회무침), 성게알이 듬뿍 올라간 고소한 국수 등 직접 채취한 100% 자연산 재료만을 이용한다.

바람카페
- 제주도 제주시 아라동 371-20
- 070-7799-1103
- http://blog.daum.net/inmymind

제주로 이민 온 1세대 주인장이 만드는 커피 맛도 일품이고, 오므라이스는 꼭 맛보아야 할 특별한 맛이다.

닐모리동동
- 제주도 제주시 용담3동 2396
- 064-745-5008
- www.nilmori.com

제주의 식재료를 이용하여 이탈리안 요리를 한다. 스파게티, 리조또도 특별하며 한라산을 닮은 빙수, 제철 과일요리 등 새로운 요리를 매번 선보이는 특별한 곳이다.

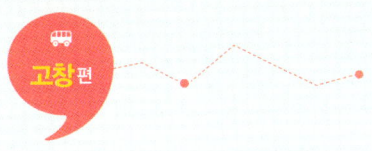

고창편

선운산 유스호스텔
- 전북 고창군 아산면 삼인리 334
- 063-561-3333
- www.seonunsan.co.kr

선운산 관광호텔
- 전북 고창군 아산면 삼인리 287-5
- 063-561-3377
- www.sushotel.com

고수면 축령산 휴림
- 전북 고창군 고수면 은사리 1
- 010-6607-5911, 061-393-0409
- http://cafe.daum.net/hyulim

방장산 자연 휴양림
- 전남 장성군 북이면 방장로 353
- 061-394-5523
- www.huyang.go.kr/user/forest/User_contentIntro.action?rcode=35&mcode=55&hcode=0181

성송반점
- 전북 고창군 성송면 계당리 609
- 063-561-5331
- 한적한 시골에 위치해 있지만, 울금을 넣은 독특한 짬뽕으로 전국적으로 유명한 집이다.

매월참숯풍천장어
- 전북 고창군 고창읍 월곡리 470-8
- 063-564-5266
- 미리 손질한 장어를 숯불에 구워먹는데 장어의 비린 맛을 완벽히 잡았다.

청림정금자찰매집
- 전북 고창군 아산면 반암리 430-3
- 063-564-1405

전통적인 고추장 양념구이 외에 소금구이와 복분자구이도 별미다. 장어뼈를 고아 만든 국물에 수제비를 끓여준다.

신덕식당
- 전북 고창군 아산면 삼인리 29-34
- 063-562-1533
- 풍천장어구이를 29,000원에 맛볼 수 있으며 '나의 문화유산답사기'에 나와 유명세를 탄 집이다.

황토마을
- 전북 고창군 고창읍 읍내리 38-5
- 063-564-6979
- 고창읍성에서 가까운 식당으로 갈치조림, 생선구이백반, 전통백반 등이 있다.

전통 옛날쌈밥
- 전북 고창군 고창읍 읍내리 557-10
- 063-564-3618
- 8종 테이블에 비빔밥(6,000원)과 우렁쌈밥(8,000원) 두 가지 메뉴가 있다. 전라도답게 싼 가격에 푸짐한 반찬이 나온다.

풍성한집
- 전남 영광군 법성면 법성리 1141-5
- 061-356-0733
- 방금 지은 돌솥밥이 나오는 굴비정식, 간장게장정식이 유명하다.

한울타리
- 전남 영광군 법성면 법성리 690-79
- 061-356-2590
- www.cityfood.co.kr/h5/hanultari
- 굴비정식부터 아구찜, 꽃게탕 등의 메뉴에 한정식에 가까운 기본 반찬이 특징이다.

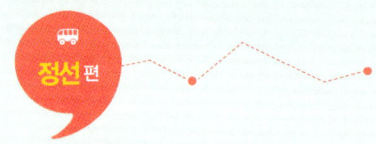

정선편

쉼

화암약수캠핑카라반
- 강원도 정선군 화암면 화암리 1183
- 033-562-7062
- www.jsimc.or.kr/sub/sub05_1.asp

은빛노을펜션
- 강원도 정선군 여량면 노추산로 754-1
- 033-562-2540, 010-4514-7584
- www.gujeol.com/m/gain/

강이흐르는마을
- 강원도 정선군 정선읍 광하1리 388
- 033-563-7979
- http://rivervils.com

가리왕산장
- 강원도 정선군 정선읍 화동리 167 가리왕산장
- 033-562-5080
- http://cafe.naver.com/gariwang

몽촌빌
- 강원도 정선군 화암면 물운리 175
- 033-563-1182
- www.mongchonvill.co.kr

들꽃처럼
- 강원도 정선군 북평면 스무길 201
- 010-6338-2090
- http://flower.e-coreweb.co.kr

정선의달 게스트하우스
- 강원도 정선군 정선읍 화동1리 61-5
- 033-563-5506
- http://freemax.webhop.net/guest/

구절리털보펜션
- 강원도 정선군 여량면 구절양지말길 12
- 010-9416-9957
- www.gujeol.com/m/teolbo/

맛

옥산장
- 강원도 정선군 여량면 여량리 149-30
- 033-562-0739
- 10여 가지 반찬이 곁들여진 가정식 한식 메뉴와 곤드레나물전이 나오는 곤드레밥이 대표 메뉴이다. 유홍준의 '나의 문화유산 답사기'에 소개된 곳이다.

동박골식당
- 강원도 정선군 정선읍 봉양리 190-1
- 033-563-2211
- 향긋한 곤드레나물 돌솥밥과 양념장이나 된장에 비벼 먹는 맛이 일품이다.

정선면옥
- 강원도 정선군 정선읍 봉양리 326-4
- 033-562-2233
- 된장으로 만든 장칼국수와 막국수, 제육 등 투박한 강원도의 맛을 볼 수 있다.

대운식당
- 강원도 정선군 여량면 구절리 290-20
- 033-562-5041
- 곤드레나물 돌솥밥에 양념장을 넣어 비벼먹는다. 생약초와 산나물을 재료로 반찬을 만든다.

옛골참갈비
- 강원도 정선군 사북읍 사북리 368-13
- 033-592-2377
- 냄새 없이 참숯불 직화로 구워 육즙과 수분이 유지된 맛있는 고기집이다. 취향에 따라 한우와 한돈을 즐길 수 있다.

우래울
- 강원도 정선군 화암면 화암리 540-8
- 033-563-3204
- 한약재를 몇 시간 동안 우려낸 물로 지어 더욱 향긋한 오리탕이 유명하다. 구수한 들깨와 미나리가 오리 특유의 잡냄새를 잡아준다.

구공탄구이
- 강원도 정선군 고한읍 고한리 96-28
- 033-592-9092
- 옛날 탄광촌의 연탄불구이 맛을 재현한 맛이 일품이다.

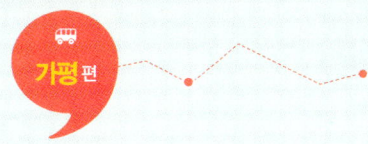

가평편

나미나라 호텔 정관루
- 강원도 춘천시 남산면 방하리 198
- 031-580-8000
- www.namihotel.com

쁘띠프랑스 내 숙박
- 경기도 가평군 청평면 고성리 616
- 031-584-8200
- www.pfcamp.com

자라섬 캠핑장
- 경기도 가평군 가평읍 달전리 산7번지 자라섬 캠핑장
- 031-580-2700
- www.jarasumworld.net

제이드 가든 오토 캠핑장
- 강원도 춘천시 남산면 서천리 456
- 010-9119-8306
- http://jadecamping.com

게스트 하우스 나비야
- 강원도 춘천시 서면 서상리 1054
- 033-243-1970
- www.춘천게스트하우스.com

게스트하우스 꾸다
- 경기도 가평읍 달전리 497-6
- 031-581-8811
- http://cafe.daum.net/guesthousekkuda

섬향기
- 강원도 춘천시 남산면 방하리 198
- 031-581-2189
- 남이섬 안에서 춘천의 대표 메뉴인 닭갈비를 즐길 수 있는 곳이다.

샘밭막국수
- 강원도 춘천시 신북읍 천전리 118-23
- 031-242-1712
- 강원도의 대표 음식인 막국수만으로 40년 전통을 자랑하는 곳이다. 담백한 국물맛의 막국수와 새우젓에 찍어먹는 쫄깃한 편육이 인기 메뉴이다.

설악면옥
- 경기도 가평군 설악면 선촌리 472-4
- 031-585-9292
- www.srnoodle.co.kr
- 직접 뽑아서 만든 막국수와 냉면이 유명하다. 1등급 한우로 만든 불고기와 한우구이 역시 별미다.

고미고미
- 강원도 춘천시 중앙로1가 63
- 033-256-1562
- 신선한 생선을 주문과 동시에 굽기 시작해 가장 맛있게 익는 순간 손님상에 내온다. 곁들여져 나온 큼직한 레몬을 뿌려먹어도 좋다. 칼칼하고 푸짐한 된장찌개 하나만 해도 재료를 아끼지 않고 제대로 만들었다.

우미닭갈비
- 강원도 춘천시 조양동 50-5
- 033-253-2428
- 춘천닭갈비 전통을 만들어낸 원조집이다. 조미료를 최대한 자제하고 신선한 닭고기의 담백한 맛을 살렸다. 매콤하지만 자극적이지 않고 달콤하지만 끝 맛이 깔끔하다.

일마이오
- 강원도 춘천시 효자동 711-3 1층
- 033-911-1325
- 아늑한 분위기의 이탈리안 레스토랑으로 스파게티가 특히 뛰어나다.

바오밥
- 강원도 춘천시 신동 343
- 033-244-6612
- www.baobab.or.kr
- 인공향료와 조미료를 전혀 사용하지 않는다. 연어와 한우스테이크가 대표 메뉴이다.

748커피앤코
- 강원도 춘천시 석사동 748-13
- 070-4408-0748
- 아기자기하고 모던한 분위기의 작은 카페이다.

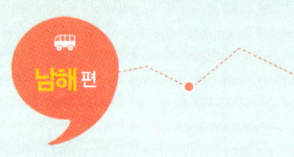 남해편

 쉼

다랭이마을 민박집
- 경남 남해군 남면 홍현리 912
- 055-860-3946
- http://darangyi.go2vil.org/

바다 전망 좋은 집
- 010-2898-0979

섬이 보이는 집
- 010-3877-9024

해 뜨는 집
- 010-7113-9395

모르겐스테른 하우스
- 경남 남해군 삼동면 물건리 독일마을 1153
- 010-8844-4535
- www.germantown.co.kr

뮌헨하우스
- 경남 남해군 삼동면 물건리 1164
- 010-7108-8400
- http://cafe.naver.com/munichhouse

달품게스트하우스
- 경남 남해군 남면 석교리 55-1(월포해수욕장)
- 055-862-6433
- http://cafe.naver.com/dalpum1

요안나의 언덕
- 경남 남해군 설천면 문항리 446-7
- 070-4413-9696
- http://kbs1.kr/h/johanna/index.htm

남해 편백자연휴양림
- 경남 남해군 삼동면 금암로 658
- 055-867-7881
- www.huyang.go.kr

맛

우리식당
- 경남 남해군 삼동면 지족리 288-5
- 055-867-0074

고사리나물, 미나리, 풋고추 등의 야채를 넣고 고추장 양념에 버무린 멸치를 얹어 국물 자작하게 끓여낸 멸치쌈밥이 유명하다.

배가네멸치쌈밥
- 경남 남해군 삼동면 금송리 1400-1
- 055-867-7337

멸치쌈밥 외에 갈치조림, 해물뚝배기, 멸치회, 갈치회 등을 맛볼 수 있다.
*영업시간 : 오전 10시~오후 9시

달반늘숯불장어구이
- 경남 남해군 삼동면 지족리 1082
- 055-867-2970

바다장어를 돌판에 구운 장어양념돌판구이가 유명하다. 장어뼈를 푹 고아서 뽀얗게 우러난 국물로 끓인 장어탕을 저렴한 가격에 맛볼 수 있다.

시골할매막걸리
- 경남 남해군 남면 홍현리 가천 다랭이마을 856
- 055-862-8381

16살 때 다랭이마을로 시집온 주인할머니가 만든 쌉쌀하면서도 상큼한 유자잎막걸리가 별미다. 식탁에 앉으면 다랭이논과 끝이 보이지 않는 바다를 덤으로 볼 수 있다.

남해자연맛집
- 경남 남해군 남면 홍현리 385
- 055-863-0863

앵강만에서 해녀가 직접 채취한 자연산 해산물로 전복죽, 멍게비빕밥을 만든다.

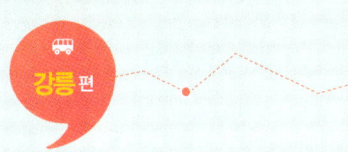 강릉 편

잠수타기 좋은 여행지 정보

 쉼

강릉펜션
- 강원도 강릉시 초당동 433-5
- 033-652-1591
- www.gnpension.com

강릉하늘정원펜션
- 강원도 강릉시 옥계면 도직리 15
- 010-9789-4830
- www.pensionsg.com

경포바다펜션
- 강원도 강릉시 저동 1-7
- 033-644-6222
- www.gyeongpobada.com

소나무펜션
- 강원도 강릉시 주문진읍 장덕리 952
- 033-661-0478
- www.sonamups.kr

바다향기
- 강원도 강릉시 안현동 125-4
- 010-4155-5327
- www.badahg.co.kr

펜션하슬라
- 강원도 강릉시 저동 4-23
- 033-643-3303
- www.pensionhasla.com

황토와 솔내음
- 강원도 강릉시 포남2동 397
- 033-653-7514
- www.hwangtosol.co.kr

어린왕자 게스트하우스
- 강원도 강릉시 안현동 856-1
- 033-644-2266
- http://blog.naver.com/choisykn

맛

초당순두부
- 강원도 강릉시 초당동 일대

초당할머니순두부
- 강원도 강릉시 난곡동 264
- 033-646-4430

소나무집
- 강원도 강릉시 난곡동 264
- 033-646-4430

교동짬뽕
- 강원도 강릉시 교동 1809-8
- 033-655-3939

얼큰하고 진한 국물이 특징이며 원조에 해당하는 교동반점과 함께 유명하다.

해성횟집
- 강원도 강릉시 성남동 50
- 033-648-4313

얼큰한 삼숙이탕으로 유명한 식당으로 푸짐한 알탕도 대표 메뉴이다. 강릉중앙시장 건물 2층에 위치하고 있다.

강릉감자옹심이
- 강원도 강릉시 임당동 19-22
- 033-648-0340

손칼국수 면과 감자옹심이가 들어간 걸쭉한 국물의 옹심이 칼국수와 감자와 팥이 어우러진 감자 송편이 유명한 집이다.

테라로사 커피공장
- 강원도 강릉시 구정면 어단리 973-1
- 033-648-2760
- www.terarosa.com

강릉의 대표 커피집 중의 하나이다. 강원도의 식재료를 이용하여 다양한 브런치를 개발하고 있다. 커피의 맛과 질은 기본이다.

봉봉방앗간
- 강원도 강릉시 명주동 28-2
- 070-8237-1155

영화제작자인 김남기 씨와 지인 3명이 투자해 창업한 봉봉방앗간은 폐업한 방앗간을 인수해서 만든 카페이다.

광양·구례 편

 쉼

꿈꾸는숲펜션
- 전남 광양시 옥룡면 동곡리 1182-2
- 010-8519-7341
- http://blog.naver.com/lohasvillage

구례둘레길 게스트하우스
- 전남 구례군 광의면 수월리 41-8
- 061-782-0203, 010-8653-6337
- http://cafe.daum.net/jirisangh

숨게스트하우스&펜션
- 전남 구례군 토지면 섬진강대로 4220
- 070-7784-9696
- http://jirisan.sumhostel.com

쌍산재
- 전남 구례군 마산면 사도리 632
- 061-782-5179
- www.ssangsanje.com

화야평
- 전남 구례군 산동면 좌사리 541-3
- 061-783-7900
- www.hwayapyung.com

예다향
- 전남 구례군 간전면 운천리 29
- 010-4772-2578
- http://blog.naver.com/kyl6970

전망좋은집
- 전남 구례군 토지면 외곡리 837
- 010-6354-3049
- http://goodview.co.kr

 맛

3대광양불고기
- 전남 광양시 광양읍 칠성리 959-11
- 061-763-9250

백운산에서 자생하는 참나무로 만든 참숯을 사용하여 달지 않게 양념한 불고기를 구리석쇠에 구워 먹는 맛이 일품이다.

동흥재첩국
- 경남 하동군 하동읍 경서대로 94-1
- 055-884-2257

섬진강에서 채취한 재첩으로 만든 시원한 재첩국으로 전국 지명도가 높은 집이다. 재첩회무침, 재첩전 등을 곁들여 주문하면 좋다.

백도식당
- 전남 광양시 광양읍 덕례리 1735-1 오성아파트 102호
- 070-8844-2647
- www.baekdo.com

순천과 광양의 택시기사들이 추천하는 맛집이다. 간이 심심해서 질리지 않는 간장게장과 매콤한 양념으로 만든 양념게장이 유명하다.

진선식당
- 전남 광양시 진월면 선소리 202
- 061-772-2117, 061-772-0750

재첩국과 재첩회무침이 유명하다.

동아식당
- 전남 구례군 구례읍 봉동리 204-2
- 061-782-5474

조선일보에 오래된 식당으로 소개된 집이다. 삭힌 가오리를 미나리와 함께 쪄내는 가오리찜이 특히 유명하다.

부부식당
- 전남 구례군 구례읍 봉동리 298-34
- 061-782-9113

섬진강 다슬기와 우리밀로 만든 수제비가 유명한 다슬기 전문점. 남도음식명가로 선정된 곳이다.

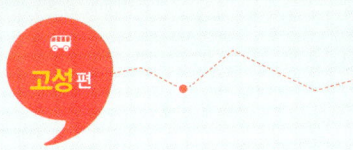

고성편

쉼

대명쏠비치리조트&호텔
- 강원도 양양군 손양면 오산리 23-4
- 1588-4888
- www.solbeachlahotel.com

골든베이
- 강원도 양양군 현북면 하광정리 638-5
- 033-672-7090
- www.goldenbay.co.kr

바다빛무지개펜션
- 강원도 양양군 현남면 남애리 72
- 033-671-1008
- www.searainbow.kr

토마토펜션
- 강원도 양양군 양양읍 조산리 414
- 019-661-3173
- www.tomatopension.net

낙산펜션
- 강원도 양양군 양양읍 조산리 520-1
- 033-673-6700
- www.nak-san.net

꼬띠에르펜션
- 강원도 양양군 현북면 하광정리 596-7
- 033-672-5275
- www.cotiere.com

금강산콘도
- 강원도 고성군 현내면 마차진리 239
- 033-680-7800
- www.mibong.co.kr

맛

실로암메밀국수
- 강원도 양양군 강현면 장산리 228
- 033-671-5547

동치미 국물로 맛을 낸 메밀국수 전문점이다. 시원한 동치미 국물로 간을 조절할 수 있다.

옛뜰
- 강원도 양양군 손양면 송전리 81-1
- 033-672-7009

해장에 좋은 자연산 섭국이 맛있는 집이다. 직접 채취한 자연산 섭을 재료로 매콤하게 끓였다.

부부횟집
- 강원도 고성군 죽왕면 가진리 80
- 033-681-0094

싱싱한 자연산 활어와 해삼, 멍게 등을 넣고 새콤달콤한 양념을 한 물회가 대표 메뉴이다.

금강산도식후경
- 강원도 고성군 죽왕면 공현진리 29
- 033-633-8866

싱싱한 해산물로 만든 물회가 대표메뉴이다. 전복물회, 해삼물회도 별도 메뉴이다.

제비호식당
- 강원도 고성군 거진읍 거진리 287-215
- 033-682-1970

겨울철 강원도 토속음식인 알이 꽉 찬 도치알탕이 유명한 곳이다.

화진포메밀막국수
- 강원도 고성군 거진읍 화포리 70
- 033-682-4487

시원한 동치미 국물의 막국수가 유명한 곳이다. 명태식해를 고명으로 한 비빔막국수도 별미이다

또올래식당
- 강원도 고성군 토성면 아야진리 39-8
- 033-633-1851

아야진해변을 찾는 낚시꾼들이 아침 식사를 하는 곳으로 유명하다. 아야진공판장에서 그날 나온 재료로 반찬을 만든다.

제주편 (남서쪽)

쉼

루시드봉봉 게스트하우스
- 제주도 서귀포시 대정읍 상모리 2641-1
- 010-6388-8037
- www.lucidbonbon.co.kr

사이게스트하우스
- 제주도 서귀포시 대정읍 상모리 8-1
- 064-792-0042
- http://cafe.naver.com/jejusai/

집(JIB)
- 제주도 서귀포시 안덕면 사계리 2029-2
- 010-3348-2012
- http://jib2012.com

그녀이야기 게스트하우스
- 제주도 서귀포시 안덕면 화순리 681-1
- 010-3266-6811
- http://herstoryroom.blog.me/

티벳풍경 게스트하우스
- 제주도 서귀포시 안덕면 창천리 789-1
- 070-4234-5836
- http://cafe.naver.com/tibetscenery/

조이풀게스트하우스
- 제주도 서귀포시 안덕면 화순리 851
- 064-792-5551
- http://cafe.naver.com/joyfulghesthouse/

레이지박스 게스트하우스
- 제주도 서귀포시 안덕면 사계리 2501-1
- 070-8900-1254
- http://lazybox.co.kr/wordpress/

맛

명리동 식당
- 제주도 제주시 한경면 저지리 3136
- 064-772-5571

지역 주민들이 자주 찾는 맛집으로 연탄에 구운 흑돼지 오겹살구이가 인기 메뉴이다.

부두식당
- 제주도 서귀포시 대정읍 하모리 770-7
- 064-794-1223

갓잡은 생선으로 다양한 해산물 요리를 하는 식당이다. 갈치조림과 매운탕이 인기 있으며 겨울에는 방어회, 방어머리구이 등의 메뉴가 추가된다.

산방식당
- 제주도 서귀포시 대정읍 하모리 864-3
- 064-794-2165

누구나 추천하는 맛집이다. 대기표를 받아야 할 만큼 늘 손님이 많다. 멸치육수로 맛을 낸 밀면과 돼지편육이 대표 메뉴이다.

덕승식당
- 제주도 서귀포시 대정읍 하모리 770-3
- 064-794-0177

덕승호 선장이 직접 잡은 생선으로 조리한다. 우럭에 된장을 푼 매운탕과 신김치에 싸먹는 방어회가 유명하다.

만선식당
- 제주도 서귀포시 대정읍 하모리 770-50
- 064-794-6300

고소한 고등어회를 양파양념장에 찍어 밥과 김에 싸먹는 제주식 횟집이다.

핀크스 비오토피아
- 제주도 서귀포시 안덕면 상천리 산62-3
- 064-793-6000

커뮤니티 센터 안에 레스토랑의 새우튀김우동, 피자 등이 수작이다. 식사 후 반경 1km 내에 물미술관, 바람미술관, 돌미술관, 두손지중미술관을 구경하기에 좋다.

용왕난드르
- 제주도 서귀포시 안덕면 창천리 876-11
- 064-738-0915
- http://sora.go2vil.org/

보말과 미역을 넣고 끓인 시원하고 담백한 칼국수가 맛있는 집이다.

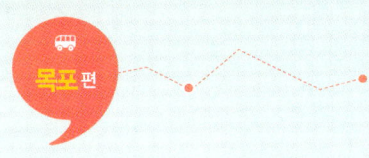

목포 편

장수타기 좋은 여행지 정보

쉼

구영민박
- 전남 신안군 자은면 구영리
- 061-271-5373
여름 휴가철에는 분계 해수욕장과 백길 해수욕장의 대부분의 민가에서 민박을 연다.
분계민박(061-246-3805), 춘월민박(061-275-7703)

청수장
- 전남 신안군 암태면 기동리
- 061-271-1565

남해장
- 전남 신안군 안좌면 읍동리
- 061-261-4059

유성모텔
- 전남 신안군 안좌면 읍동리
- 061-261-1223

목포 신안비치 호텔
- 전남 목포시 죽교동 440-4
- 061-243-3399
- www.shinanbeachhotel.com

샹그리아비치관광호텔
- 전남 목포시 상동 1144-7
- 061-285-0100
- www.shangriahotel.co.kr

목포 1935(게스트하우스)
- 전남 목포시 죽동 49-2
- 061-243-1935
- http://cafe.daum.net/mokpo1935/

맛

봉선화 식당
- 전남 신안군 안좌면 읍동리 1107-4
- 061-261-3485

섬 안에서 난 음식만으로 만든 정갈한 백반이 대표적인 메뉴이다.

중국성
- 전남 신안군 자은면 구영리 193
- 061-271-4711
자은도 인근에서 잡은 해산물을 듬뿍 넣은 삼선 짬뽕과 삼선 해물볶음밥이 별미다.

인동주마을
- 전남 목포시 옥암동 1041-7
- 061-284-4068
- www.indongju.kr
고 김대중 대통령이 자주 찾아 전국적으로 유명해진 곳으로 홍어삼합과 간장게장을 기본으로 하는 한상차림이다.

영란횟집
- 전남 목포시 중앙동 1가 1-1
- 061-243-7311
- www.youngran.co.kr
2대에 걸쳐 40년 동안 운영되고 있으며 민어회로 특히 유명하다.

쑥굴레
- 전남 목포시 죽동 64-7
- 061-244-7912
쑥굴레는 쑥떡을 녹두고물에 무치고 조청에 찍어 먹는 일종의 디저트다.

코롬방제과
- 전남 목포시 무안동 1
- 061-243-2161
새우가루를 넣은 바게트로 유명하다.

행복이 가득한집
- 전남 목포시 중앙동 1가 3-1
- 061-247-5887
일본식 가옥을 개조한 가장 목포다운 찻집이다. 잘 관리된 정원과 엔틱 가구로 인테리어 된 실내 분위기는 근대적 분위기가 물씬 배어난다.

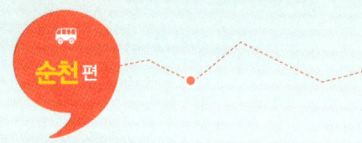

순천 편

쉼

낙안읍성 민박집
고향집민박
☎ 010-3420-3498, 010-3420-3498
앵두나무집
☎ 061-754-2995, 010-4140-2995
은행나무집
☎ 061-754-3032, 010-3754-3037
동백나무집
☎ 010-9810-8833

순천 게스트하우스
🏠 전남 순천시 풍덕동 954-4
☎ 010-6610-2178
@ http://scminbak.blog.me

느림 게스트하우스
🏠 전남 순천시 풍덕동 887-25
☎ 010-9229-8917, 070-7647-9622
@ http://nreem.co.k
도미토리(1인) 20,000원

투어 게스트하우스
🏠 전남 순천시 조곡동 160-3
☎ 010-9740-2440, 070-4252-6848
@ http://blog.naver.com/tour6848

잘자요게스트하우스
🏠 전남 순천시 교량동 588
☎ 061-243-1935
@ http://blog.naver.com/jalja_yo

맛

지리산식당
🏠 전남 순천시 행동 51-2
☎ 061-753-8455
간장게장에 홍어, 수육, 잡채 등 10가지가 넘는 반찬이 나오는 전라도식 백반의 진수를 보여준다.

한성관
🏠 전남 순천시 조례동 1591
☎ 061-723-9915
남도한정식을 제대로 차려내는 집이다.

진일기사식당
🏠 전남 순천시 승주읍 산성리 963
☎ 061-754-5320
김치찌개 하나로 유명해진 기사식당이다. 시내에서 벗어나 있지만, 여행에 지친 입맛을 단번에 살려내는 특별한 맛으로 인기를 끄는 집이다.

외서댁 꼬막나라
🏠 전남 보성군 벌교읍 회정리 653-7
☎ 061-858-3330
벌교의 싱싱한 꼬막 요리로 정식 상차림을 내온다. 찜, 전 무침등으로 변주된 벌교만의 맛을 볼 수 있다.

국일식당
🏠 전남 보성군 벌교읍 벌교리 641
☎ 061-857-0588
임권택 감독이 영화 '태백산맥'을 촬영할 때에 제작진과 함께 자주 밥을 먹으면서 소문이 나 유명세를 탄 식당이다.

낙안읍성 내 주막
🏠 전남 순천시 낙안면 충민길 30
☎ 061-754-3150
낙안읍성에서 1박한 경우 산책할 수 있는 거리에 옛 주막 형태의 식당을 운영하고 있다. 아침에 직접 만든 순두부로 만든 순두부백반이 특별하다.

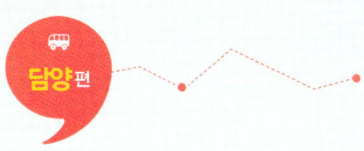

담양편

쉼

담양리조트온천
- 전남 담양군 금성면 원율리 399
- 061-380-5111
- www.damyangspa.com

담양고궁
- 전남 담양군 금성면 대성리 879-4 송학랜드 내
- 061-381-7179
- www.songhac.net

담양죽향체험마을
- 전남 담양군 담양읍 운교리 83
- 010-7633-2690
- http://bamboo.namdominbak.go.kr

팔레스 호텔
- 전남 담양군 암양읍 양각리 35-1
- 061-381-6363
- www.paras.kr

흙과 풍경(청평슬로시티 내)
- 전남 담양군 창평면 삼천리 250-2
- 010-3628-0157

매화나무집 민박(청평슬로시티 내)
- 전남 담양군 창평면 삼천리 404-3
- 010-7130-3002

맛

신식당
- 전남 담양군 담양읍 담주리 68-1
- 061-382-9901

4대째 내려오는 담양 떡갈비 원조집이다. 달지 않게 간장 양념을 한 갈빗살을 참숯에 구워낸다.

담양애꽃
- 전남 담양군 봉산면 기곡리 293-1
- 061-381-5788

담양 떡갈비를 퓨전식으로 해석하여 세련된 정식으로 유명세를 탄 집이다. 담꽃 한우정식 1인 20,000원, 담꽃 정식 1인 11,000원, 돼지 갈비 1인 12,000원이다.

옛날황토국밥
- 전남 담양군 창평면 창평리 190
- 061-381-7159

창평슬로시티 안에 있는 국밥 전문집이다. 깔끔한 국물맛을 기본으로 콩나물국밥, 새끼보국밥까지 각종 국밥이 5,000원부터이다.

진우네 국수
- 전남 담양군 담양읍 객사리 211-34
- 061-381-5344

담양 국수거리를 이끈 원조집으로 맑은 빨간색 양념으로 비벼먹는 비빔국수와 맑은 멸치로 맛을 낸 물국수가 기본이다. 멸치육수에 삶은 약달걀이 별미다.

승일식당
- 전남 담양군 객사리 226-1
- 061-382-9011

양념한 돼지갈비를 숯불로 초벌구이 하고 미리 구워서 나온다. 식당 입구에서 숯불로 고기를 굽는 진풍경을 볼 수 있다.

명가은
- 전남 담양군 남면 연천리 487
- 061-382-3513, 061-382-9011

한국제다의 고품격 녹차 잎만 쓰는 집으로 다도를 즐길 수 있는 한국식 정원을 갖추었다.

차밥나무
- 전남 담양군 대전면 평장리
- 061-382-9713

차와 밥을 즐길 수 있는 한적한 카페이다. 책장과 식탁은 물론 모든 장식품을 주인이 직접 만든 작품으로 그의 작업실도 둘러볼 수 있다. 직접 개발한 알밥은 레시피는 단순해보이지만 재료의 특성을 잘 살린 요리이다.